AF372824

Johann Nestroy

Der böse Geist Lumpazivagabundus

e-artnow 2018

Henrik Ibsen
Peer Gynt

Joachim Wilhelm von Brawe
Der Freigeist

Sophokles
König Ödipus

Heinrich von Kleist
Penthesilea

Heinrich von Kleist
Amphitryon – Ein Lustspiel nach Molière

Johann Nestroy

Der böse Geist Lumpazivagabundus

oder Das liederliche Kleeblatt. Zauberposse mit Gesang in drei Aufzügen

e-artnow, 2018
ISBN 978-80-273-1591-8

Inhaltsverzeichnis

Personen.

Stellaris, Feenkönig.
Fortuna, Beherrscherin des Glückes, eine mächtige Fee.
Brillantine, ihre Tochter.
Amorosa, eine mächtige Fee, Beschützerin der wahren Liebe.
Mystifax, ein alter Zauberer.
Hilaris, sein Sohn.
Fludribus, Sohn eines Magiers.
Lumpazivagabundus, ein böser Geist.
Leim, ein Tischlergesell,
Zwirn, ein Schneidergesell,
Knieriem, ein Schustergesell, vazierende Handwerksburschen.
Pantsch, Wirt und Herbergsvater in Ulm.
Fassel, Oberknecht in einem Brauhause.
Nannette, Tochter des Wirts.
Sepherl,
Hannerl, Kellnerinnen.
Ein Hausierer.
Ein Schustermeister.
Ein Tischlergesell.
Strudl, Gastwirt zum goldenen Nockerl in Wien.
Hobelmann, Tischlermeister in Wien.
Peppi, seine Tochter.
Anastasia Hobelmann, seine Nichte.
Ein Fremder.
Gertraud, Haushälterin in Hobelmanns Hause.
Reserl, Magd daselbst.
Hackauf, Fleischermeister in Prag.
Ein Maler.
Erster,
Zweiter , Bedienter bei Zwirn.
Erster,
Zweiter , Geselle bei Zwirn
Herr von Windwachel.
Herr von Lüftig.
Herr von Papillon.
Signora Palpiti.
Camilla,
Laura, ihre Töchter.
Wirt,
Wirtin, in einer Dorfschenke unweit Wien.
Ein Reisender (Stellaris).

Zauberer. Magier und ihre Söhne. Nymphen. Genien. Gäste. Volk. Bauern. Handwerksleute
verschiedener Zünfte etc. etc.
Die Handlung spielt teils in Ulm, teils in Prag und teils in Wien.

Erster Aufzug
Wolkendekoration.

Erster Auftritt

Mehrere alte Zauberer und Magier, darunter Mystifax, treten auf und stellen sich im Halbkreis, jeder führt einen erwachsenen Sohn an der Hand, darunter Hilaris und Fludribus. – Stellaris sitzt auf dem Throne.

CHOR DER ALTEN ZAUBERER.

Wir werden euch schon Mores lehren,
Ihr liederlichen Bursche ihr!
Was nun geschehn wird, sollt ihr hören,
Der Feenkönig richtet hier.
Ihr kehrt im nächsten Augenblick
Zur Ordnung wiederum zurück.

STELLARIS. Was versammelt euch so zahlreich an meines Wohnsitzes goldner Pforte? Was verlangt ihr von mir?

MYSTIFAX. Mächtiger Beherrscher! wir flehen um deine Hülfe. Es treibt sich ein böser Geist im Zauberlande herum.

STELLARIS. Wie heißt er?

MYSTIFAX. Lumpazivagabundus.

STELLARIS. Was tat euch dieser böse Geist?

MYSTIFAX. Er hat sich der Herzen unserer Söhne bemächtigt, und sie vom Pfade der Ordnung gelockt. Sie verabscheuen jetzt jede Beschäftigung, sie spielen, trinken, stürzen sich in tolle Liebesabenteuer – mit einem Wort, sie sind verloren, wenn du den bösen Geist nicht bannst.

STELLARIS. Lumpazivagabundus erscheine!

Musik fällt ein, Lumpazivagabundus kommt im Vordergrunde aus der Versenkung.

Vorige. Lumpazivagabundus.

LUMPAZI *nach der Musik.* Da bin ich! Was steht zu Befehl?

STELLARIS. Du bist Lumpazivagabundus?

LUMPAZI. Der bin ich, und zugleich Beherrscher des lustigen Elends, Beschützer der Spieler, Protektor der Trinker etc. etc.; kurzum, ich bin ein Geist aus'n F.

STELLARIS. Verwegener! der du's wagtest, in das Feenreich zu dringen, ich verbanne dich von diesem Augenblick auf ewige Zeit.

LUMPAZI. Ha, ha, ha, ha, ha!

Versinkt lachend.

STELLARIS *ehe er noch ganz versunken ist.* Halt!

LUMPAZI *kommt wieder in die Höhe.* Haben mir Eu'r Herrlichkeit noch was zu sagen?

STELLARIS. Du hast meinen Urteilsspruch mit Hohngelächter erwidert?

LUMPAZI. Natürlich, weil er nichts nutzt. Ob ich da bin oder nicht, diese jungen Herren bleiben auf alle Fäll' meine getreuen Anhänger; denn meine Grundsätze leben in ihnen fort.

STELLARIS *zu den Söhnen.* Wie? Ihr seid nicht ernstlich entschlossen, zur Ordnung zurückzukehren?

FLUDRIBUS *vortretend.* Ich nehme im Namen meiner Kameraden das Wort. Wir haben den größten Teil unsers Vermögens durchgebracht, ob wir das Restel haben oder nicht, das ist uns gleichviel; darum wollen wir das auch noch verjuxen.

ALLE SÖHNE. Ja, wir wollen es verjuxen.

DIE VÄTER. Entsetzlich!

STELLARIS. Und wenn ihr nichts mehr habt, was dann?

FLUDRIBUS. Dann machen wir Schulden.

DIE SÖHNE. Wir machen Schulden!

STELLARIS. Und wenn ihr nicht bezahlen könnt, was dann?

FLUDRIBUS. Dann lassen wir uns einsperren.

DIE SÖHNE. Ja, ja, wir lassen uns einsperren.

FLUDRIBUS. Da gibt sich hernach die Ordnung von selbst.

LUMPAZI *sich triumphierend die Hände reibend.* Das sind meine Grundsätze.

MYSTIFAX *zu Stellaris.* Was sagen Euer Herrlichkeit nun dazu?

STELLARIS *zu den Söhnen.* Wenn ihr aber wiederbekämet, was ihr liederlicherweise verpraßt habt, würdet ihr dann ordentlich mit dem Eurigen haushalten?

HILARIS. Der macht uns wieder reich.

FLUDRIBUS *zu Stellaris.* Ja, wenn wir wieder reich würden, würden wir auch wieder brav.

DIE SÖHNE. Ja, dann würden wir brav.

STELLARIS. Nun denn, Fortuna, nahe dich!

Musik. Mehrere Nymphen mit Füllhörnern treten auf, zuletzt Fortuna, ihr folgt ihre Tochter Brillantine.

STELLARIS *nach der Musik.* Fortuna, diese jungen Männer haben ihr Vermögen vergeudet; gib ihnen den verlornen Reichtum wieder.

FORTUNA. Beherrscher des Feenreichs! befehlen lasse ich mir nichts, auch nicht von dir: doch weil ich gerade guter Laune bin *Zu Lumpazivagabundus.* und dir, Elender, zum Trotze, mag es sein. *Zu den Söhnen.* Ich schütte mein Füllhorn über euch.

DIE SÖHNE. Tausend Dank!

LUMPAZI. Ha, ha, ha! das ist zum Totlachen! Durch die Fortuna will *der* mir meine Anhänger entreißen! Da werden grad noch ärgere Lumpen draus.

HILARIS. Ich will aufrichtig sein; Reichtum wird mich nie bessern.

MYSTIFAX. Wie? Was? Mein Sohn, du wärst der Inkurabelste von allen?

HILARIS. Nur *ein* Mittel gibt's, das mich festhalten wird auf dem Pfad der Tugend: es ist Brillantinens Hand.

ALLE. Was?

HILARIS. Wir lieben uns.

FORTUNA *entrüstet.* Tochter!

BRILLANTINE. Verzeihung, Mutter!

LUMPAZI *auf Hilaris zeigend.* Den geb' ich auf; die andern alle aber sind und bleiben in meiner Macht.

STELLARIS. Warum, Unhold?

LUMPAZI. Weil die Fee Fortuna nicht imstand ist, *mir* einen Anhänger abwendig zu machen; aber der, *Auf Hilaris zeigend.* der steht unter dem Schutz meiner größten Feindin, die mich einzig und allein überall vertreibt.

FORTUNA *stolz.* Wer ist die Fee, die mächtiger ist als ich?

LUMPAZI. Amorosa ist's, die Beschützerin der wahren Liebe.

STELLARIS. Amorosa!

Musik fällt ein. Amorosa schwebt in einer lichten Wolke, mit zwei Genien hernieder.

LUMPAZI. Sie naht schon, die Mächtige, die mir oft meine fidelsten Brüderln entreißt. – Jetzt empfehl' ich mich! Aber noch einmal, Madam Fortuna, *Sie* fürcht' ich nicht; denn was meine wahren Anhänger sind, die machen sich nicht so viel aus Ihnen. Kommt's Glück einmal, so werfen sie's beim Fenster hinaus, und kommt's zum zweitenmal, und will sich ihnen aufdringen auf eine dauerhafte Art, so treten sie's mit Füßen. – So behandeln meine echten Brüderln das Glück. – Gehorsamer Diener allerseits. *Tritt auf die Versenkung, und versinkt unter Musik.*

Dritter Auftritt

Vorige, ohne Lumpazivagabundus. Amorosa.

AMOROSA, HILARIS UND BRILLANTINEN *an der Hand fassend, und sich Fortunen nähernd.* Fortuna! ich vereine meine Bitte mit dem Flehen dieser beiden, beselige durch günstigen Ausspruch zwei Herzen, die sich der wahren Liebe geweiht.

FORTUNA *zu Amorosa.* Wie, Törichte! du hoffst, ich werde mich deinem Wunsche fügen, in einem Augenblick, wo eben ein frecher Unhold zu deinen Gunsten mich erniedrigte, und du mit stolzem Blick auf mich herniedersiehst? Ich zerreiße das Band, das du um diese Herzen geschlungen.

BRILLANTINE UND HILARIS. Weh' uns!

STELLARIS. Halt ein! Bedenk erst, was du sprichst. Des Feenreiches unumstößliche Gesetze erlauben dir nicht, Hilaris' Antrag unbedingt zu verwerfen; nur eine schwere Bedingung festzusetzen, deren Erfüllung die Liebenden trennt, deren Nichterfüllung aber sie auf immer vereint, nur dies ist dir gestattet.

FORTUNA. Nun denn, so sei's. Ich will eine Bedingung setzen, die zugleich jenen Frechen, der meine Macht verspottet, und glaubt, nur *du Zu Amorosa.* seist ihm gefährlich, das Gegenteil beweisen soll. – Ich wähle unter den Sterblichen drei seiner Anhänger, lockere Gesellen, jedoch nur solche, welche schon der Armut drückend Los gefühlt. Diese will ich mit Reichtum überschütten; werfen sie, wie er gesagt, das Glück zum Fenster hinaus, so dringe ich es ihnen zum zweiten Male wieder auf; treten sie es dann mit Füßen, so erkenne ich mich als besiegt, und Hilaris werde meiner Tochter Gemahl; doch, wenn sie, wie kaum zu zweifeln ist, das Glück mit Dank empfangen, und aus Furcht vor neuer Dürftigkeit, mit weiser Mäßigung, es sich fürs ganze Leben bewahren, und ich sie so dem Lumpazivagabundus entreiße, dann bin *ich* Siegerin, und Hilaris werde auf immer von meiner Tochter getrennt.

STELLARIS. Wohlan! Nur eines habe ich noch hinzuzusetzen, es gilt für beide Teile gleich. – Gelingt es dir, dem Lumpazivagabundus von den drei lockeren Gesellen auch nur zweie zu entreißen, so hast du schon gewonnen; treten hingegen auch nur zwei von ihnen das Glück mit Füßen, so hast du verloren. Dies beschwöre hier vor meinem Thron.

FORTUNA *geht an die Stufen des Thrones, und erhebt die Hand zum Schwur.* Ich schwöre! *Drei kurze, starke Akkorde.*

STELLARIS. Dein Schwur ist angenommen.

MYSTIFAX *zu Amorosa.* Und für die andern verlornen Söhne hier ist keine Rettung aus den Krallen des Lumpazivagabundus zu hoffen?

AMOROSA. Nicht eher, als bis wahre Liebe in ihrem Herzen Eingang gefunden.

HILARIS *Brillantinen umarmend.* So leb denn wohl, auf ewig! Unmöglich kann *die* Bedingung zu unserm besten sich erfüllen.

AMOROSA. Verzweifelt nicht, baut auf die Beschützerin wahrer Liebe. *Sie besteigt ihren Wolkenwagen.*

Kurze Musik fällt ein, alle ziehen sich zurück.

CHOR.

So ist in dunkler Zukunft Schoß
Verborgen unsrer Söhne Los.

Die nächste Dekoration fällt vor.
Verwandlung.
Kurze freie Gegend, die Landstraße vorstellend, links eine hölzerne Bank unter einem Meilenzeiger.

Vierter Auftritt

Leim – dann Knieriem – dann Zwirn.

LEIM *mit einem Felleisen, tritt gleich nach der Verwandlung auf.* Da wär' ich beim Tor. Es ist aber, soviel ich merk', eine ungefällige Stadt; denn wenn sie gefällig wär', so wär' sie mir auf halbem Weg entgegengekommen. Im Grund betracht, ist's a Schand, ich bin ein ausgelernter Tischler, und es gehn mir ordentlich d' Füß aus'n Leim. Ist's denn aber anders möglich? Die Wirt' auf der Straßen haben ja Herzen, so hart als ein Ast in ein buchsbaumenen Pfosten. Woher kommt das aber? Weil die Leut' keine Bildung haben auf'n Land. Und warum haben s' auf'n Land keine Bildung? Weil s' lauter eichene Möbeln haben, drum kennt das Volk keine Politur; und wer keine Politur kennt ist ein Sozius. – Jetzt will ich halt a bissel ausrasten da, und nachher um d' Herberg frag'n. *Setzt sich auf die Bank.*

Das Ritornell des folgenden Liedes beginnt. Knieriem, ein Ränzchen auf dem Rücken tritt auf.

KNIERIEM.

Es kommen d' Stern, es wird schon spat,
Zeit is, daß s' einmal da is d' Stadt,
Ich brauch' ein Guld'n jetzt zum Verhau'n,
Da muß i gleich zum Fechten schau'n.
Und wie i ein Guld'n z'sammbettelt hab',
Da laßt's mir drei Maß Bier hinab,
A drei Maß Bier laßt's mir hinab.
Mein Rausch hab' i jahraus jahrein,
Es wird doch heut kein Ausnahm sein.

Er setzt sich auf die Bank rechts.

Die Musik verändert sich. Zwirn tritt von derselben Seite ein, er ist abgeschaben, aber dennoch so viel wie möglich geputzt, und trägt ebenfalls den Wanderbündel auf dem Rücken.

ZWIRN *äußerst lustig.*

D' Stadt ist in der Näh',
Drum schrei' ich Juheh!
Juheh! Juheh! Juheh!
Wer d' Madeln gern hat,
Find't g'nug in der Stadt,
Juheh! find't g'nug in der Stadt.
Blauer Montag is alle Tag,
Darum laß ich nicht nach,
Bis die Sonn' morgen scheint,
Grad so lang' tanz' i heunt;
Ich tanz' mir doch nit g'nu,
Darum gib ich kein Ruh',
Spring' wie a Gas in d' Höh,
Und schrei' Juheh!
Was sitzen denn da für ein paar Maner?

LEIM. Ich bin ein Tischler.
KNIERIEM. Und i bin a Schuster.
ZWIRN. Seid's ös schon so weit gangen heut, daß's so müd seid's.
LEIM. Das just nit, aber mit'n Essen hat's schlecht ausg'schaut. Ich hab' nit mehr als zwei Meilen g'macht.

KNIERIEM. Und ich hab' mir eine halbe Stund von hier ein Rausch ausg'schlafen, das war aber schon ein Millionhaarbeutel das – und was hab' i trunken? Neun Halbe Bier; aber seit dem letzten Kometen greift mich alles so an.

ZWIRN. Pfui Teuxel! Schamt's euch nit? Auf so ein Trümmerl Weg rasten s' aus! Ich geh' heut' schon meine drei Stationen, und kann den Augenblick nit erwarten, wo ich zum Tanzen komm'.

LEIM. Hör auf, Brüderl, du schneid'st auf. Ich bin g'wiß nit schlecht auf die Füß; aber drei Stationen gehn, und noch tanzen woll'n, das is g'log'n. Jetzt schaun wir halt, daß wir g'schwind auf d' Herberg kommen.

KNIERIEM. Ich hab' einen enormen Durst.

LEIM. Zuerst gehn wir fechten. *Das Betteln parodierend.* Euer Gnaden, ein armer reisender Handwerksbursch bitt gar schön um a bissel was auf a Musik; nachher wird's ein Leben werden heut nacht.

ZWIRN. Fidel muß's zugehn.

KNIERIEM. Ich dudl' mir heut ein an, wie ich seit'n letzten Kometen kein g'habt hab'.

LEIM. Also frisch in die Stadt marschiert.

ALLE DREI.

    Lied.

Wir wollen in die Stadt marschieren,
Und drinnen unser Glück probieren.
Der Weg wird uns zur Herberg führen,
In der Herberg nacher da geht's an.
Was uns's Fechten g'winnt,
Durch die Gurgel rinnt,
Und is all's vertan,
Liegt uns a nix dran;
Darum nicht lange spekulieren,

In der Herberg zeigt sich was man kann.

    Gehen Arm in Arm ab.
Verwandlung.
Schenkstube in der Herberge.

Fünfter Auftritt

Fassel. Mehrere Bräuknechte und Handwerksburschen von verschiedenen Professionen. Pantsch. Nannette. Sepherl. Hannerl. – Dann Zwirn, Leim und Knieriem.

Alle sitzen teils an den Tischen und trinken, teils tanzen sie mit Hannerl und Sepherl, Fassel tanzt mit Nannetten.

ALLE. Vivat! der Herr Bestgeber soll leben!

FASSEL *im Tanzen.* Ein Glas her! *Pantsch gibt ihm während dem Tanz eine Flasche.* Die ganze Gesellschaft Vivat!

Er trinkt im Tanzen die Flasche aus, wirft sie dann zur Erde, und tanzt weiter.

Zwirn, Leim und Knieriem treten ein.

ZWIRN. Hallo! da hab' ich a Musik g'hört!

KNIERIEM. Herr Vater! a Halbe G'mischt's.

Setzt sich links.

LEIM. Mir eine Halbe, und eine Portion Niernd'ln.

HANNERL. Wie schaffen Sie's denn?

LEIM. Mit Semmelbröseln oder mit Sagschaten, das ist ein hungerigen Tischler alles eins. *Setzt sich.*

Kellnerinnen bringen das Verlangte.

ZWIRN *zu einem Musiker.* Da sein acht Groschen, jetzt macht's mir einen saubern Walzer auf. *Gibt ihm Geld.*

FASSEL *beiseite.* Das ist ein fideler Kerl.

ZWIRN *zu Fassel, neben welchem Nannette sitzt.* Sie erlauben schon eine Tour. *Nannette auffordernd.* Mein Fräulein, darf ich so frei sein?

Ein Ländler beginnt, Zwirn haut auf, und schlägt ungeheure Fußtriller.

LEIM. Ah wart, Schneider, du sollst mich nicht spotten. *Nimmt Hannerl, welche ihm das Bier bringt, und tanzt mit ihr ein paarmal herum, endlich sieht er einen Handwerksburschen sehr ärmlich und traurig dasitzen – er hört zu tanzen auf, und sagt zu ihm.* Ich glaube gar, das ist ein Tischler?

Die Musik hört auf.

HANDWERKSBURSCH. Ja, leider!

LEIM. Wo fehlt's denn?

HANDWERKSBURSCH. Überall.

LEIM. Mir auch; aber wer wird denn deswegen traurig sein? – Heda! Eing'schenkt da für den eine Halbe Wein auf meine Rechnung.

FASSEL. Nix, das laß ich nit angehn, heut geht alles aus mein Sack. Ich hab' tausend Taler g'wonnen in der Lotterie, heut traktier' ich ganz allein.

KNIERIEM. Tausend Taler? – A Halbe G'mischt's!

LEIM. Ah schön! da werd'n wir schon so frei sein, und werden's uns schmecken lassen.

ZWIRN. Das wird schon ein schön's Glück sein; wenn ich das hätt', ich setzet mich gar nicht mehr nieder, da ging's alleweil a so. *Er haut auf.* Ah verdammt! ich hab' mir den rechten Wadel überstaucht – ich muß mich schon niedersetzen.

FASSEL. Warum setzt's euch denn nicht zu unserm Tisch, Kameraden?

LEIM UND ZWIRN. Mit Verlaub.

Setzen sich zu Fassel und den Brauknechten.

KNIERIEM. Noch ein G'mischt's! *Gibt der Kellnerin das leere Zimment, und setzt sich ebenfalls an diesen Tisch.* Ein schlechter Zeitpunkt war's halt doch, jetzt was z' g'winnen.

FASSEL. Warum?

KNIERIEM. Weil man's nicht mehr anbringen kann. Aufs Jahr kommt der neue Komet, der die Welt z'grund richt, nacher ist der Herr pfutsch mitsamt sein Treffer.

LEIM. Red nit so dumm, gar nichts g'schieht, mir hat's ein Professor g'sagt.

KNIERIEM. Ich werd's doch besser verstehn als ein Professor? Ich hab' die Astronomie aus'n Büchel g'lernt, und mach' alleweil meine Beobachtungen, wenn ich ham geh' in der Nacht.

LEIM. Ja, wenn du besoffen bist.

ZWIRN. Mit'n Tanzen ist's heut schon Feierabend bei mir.

FASSEL. So singen wir eins, weil wir so *in caritatibus* beisammen sitzen.

KNIERIEM. Gut is! Ich hab' ein superbes Lied g'macht.

LEIM. Heraus damit!

KNIEREIM. Ös müßt's aber alle mitsingen. Der Text ist von mir nach einer Rittergeschichte frei bearbeitet.

FASSEL. Das is recht. O ich hab' die romantischen Sachen so gern.

KNIERIEM. Schaut's mir aufs Maul, und singt's alle mit mir zugleich.

Gesang.

Eduard und Kunigunde,
Kunigunde und Eduard,
Eduard und Kunigunde,
Kunigunde und Eduard.
Eduard und Kunigunde,
Kunigunde und Eduard.

FASSEL. Das ist wirklich einzig.

LEIM. Ordentlich rührend.

KNIERIEM. Ein G'mischt's! – Also jetzt singen wir die zweite Strophe, die is noch schöner.

Gesang.

Eduard und Kunigunde,
Kunigunde und Eduard,
Eduard und Ku –

LEIM. Hört's auf! Das is ja allweil's nämliche.

KNIERIEM. Ihr wißt nicht, was schön ist.

FASSEL. Halt! Ich weiß was schön ist. Wir ziehen alle da ins Kaffeehaus hinüber, und ich zahl' dort ein jeden ein Glasel Punsch. Wer mitgehn will, geht mit. He, Musikanten! Aufg'rebellt!

Chor und alle ab, bis auf.

Zwirn. Leim. Knieriem. Pantsch. Kellnerinnen.

LEIM. Dem sähet man's auch nicht an, daß er tausend Taler gewonnen hat.

KNIERIEM. Warum? er schaut dumm genug aus.

ZWIRN *zum Wirt.* Wer ist er denn?

PANTSCH. Der Oberknecht in der Bräuerei da darneben.

ZWIRN. Da haben wir's, so ungebildetes Volk hat ein Glück. Ein Schneider gewinnt in seinem Leben nichts.

PANTSCH. Ich bin ihm drum gar nicht neidig, ich dank' Gott, daß ich die tausend Taler nicht g'wonnen hab'.

LEIM. Ist der Herr verruckt?

PANTSCH. Könnt's nit sagen. Morgen vormittag ist die Hauptziehung, da gewinnt man hunderttausend Taler, und das wär' so meine Passion.

LEIM. Na, die Passion wär' freilich nicht schlecht.

PANTSCH. Ich g'winn s' auch; denn meiner Frau Ahnl hat ja's Nummero traumt.

LEIM. Ah, nachher ist's schon g'wiß. – Weil aber der Herr heut noch kein Kapitalist ist, so macht's uns ein Stroh herein, daß wir uns niederlegen; es wird so bald Tag.

PANTSCH. Recht gern. O mich macht's Glück nicht stolz. *Zu den Kellnerinnen.* He! laßt's Stroh bringen.

Ab mit Hannerl und Sepherl.

LEIM. Das ist ein recht ein rarer Mann der Wirt, er ist gar nicht stolz auf den Treffer, der noch gar nicht gezogen ist.

KNIERIEM. Hunderttausend Taler! das gibt über eine Million Maß G'mischt's – die kann der Mensch nicht versaufen, mit'n besten Willen nicht. –

ZWIRN. Schuster, du bist ein gemeiner Kerl.

KNIERIEM *auffahrend.* Du, Schneider, trau mir nicht!

LEIM *sie beruhigend.* Seid's ruhig – schamt's euch. – Schaut's, wenn ich mir's recht überleg', glücklich – so was man sagt, recht glücklich, machet mich halt doch das viele Geld nicht, wenn nicht noch etwas dabei wär' – *Seufzend.* ein Etwas –

KNIERIEM. Da bist du ein Nimmersatt.

ZWIRN *zu Knieriem.* Aber merkst denn nicht, er ist ja verliebt.

KNIERIEM. Schwachheit.

ZWIRN. Ja wohl Schwachheit, in meiner Gegenwart von Madeln und Verliebtsein sprechen. Da müßt's mich erzählen lassen, ich könnt' euch meine Amouren bataillonweis aufmarschieren lassen.

LEIM. Ich war nur in ein einzige verliebt.

ZWIRN. In eine einzige? Brüderl, das ist ja gar nicht der Müh' wert, daß man davon redt. Wie ich in der Lehr war, war ich schon in zehne verliebt. Mein erster Meister, zu dem ich als G'sell kommen bin, hat ein schön's jung's Weiberl g'habt, das Weiberl hat mir g'fallen, und ich ihr auch, denn ich war damals ein sehr ein liebenswürdiger Jüngling. – Einmal gibt mir das Weiberl ein Bussel, da kommt der Meister dazu, und der Esel halt sich drüber auf, daß mir sein Weib ein Bussel geb'n hat, und jagt mich auf der Stell davon. – Mein zweiter Meister hat fünf Töchter g'habt – das waren Zwilling – da war ich dir aber in alle fünfe zugleich verliebt. – Einmal haben wir Pfänder g'spielt – no du weißt, das geht auch mit'n Busselgeben aus –

KNIERIEM. Allemal.

ZWIRN. Wie wir die Pfänder ausg'löst haben, kommt der Meister dazu – der geht her, gibt mir für eine jede Tochter *zwei* Watschen, und jagt mich fort.

KNIERIEM. Zwei Watschen? Das ist zu viel.

ZWIRN. Nicht wahr? Ich wär' ja hinlänglich zufrieden gewesen, wenn er mir für eine jede Tochter *eine* Watschen gegeben hätte, aber *zwei* Watschen, das ist ja ein offenbarer Luxus. – Mein dritter Meister, der hat ein G'schwisterkind g'habt von 21 Jahren – aber hörst, Schuster, so ein schönes G'schwisterkind hab' ich in meinem ganzen Leben nit g'sehn. Da hab' ich aber hernach eine saubere Köchin kenneng'lernt, mit der bin ich durchgangen, und's G'schwisterkind hab' ich sitzenlassen.

KNIERIEM. Meine G'schicht ist nicht so lang, aber äußerst tragisch. Erstens ist mir meine Profession z'wider, ich hab' nur Sinn für die Astronomie – und dann hab' ich nichts als unverschuldete Unglücksfälle g'habt. – In Budweis hab' ich mein Meister g'haut.

LEIM. Warum denn?

KNIERIEM. Weil ich ein Rausch g'habt hab', also kann ich nix davor. In Altbrünn hätt' ich bald ein Lehrbuben zerrissen.

LEIM. So was ist aber auch abscheulich.

ZWIRN. Aber was soll denn ein zerrissener Lehrbub anfangen? Und gar ein Schusterlehrbub – kann es denn etwas Zarteres geben als einen Schusterbuben?

KNIERIEM. Ich hab' damals einen unsinnigen Haarbeutel g'habt, also kann ich nix davor. Ich sag' euch, ich hab' schon so viel Malheur g'habt, und allzeit durch meine Räusch. Wann ich mir meinen Verdruß nit versaufet, ich müßt' mich grad aus Verzweiflung dem Trunk ergeben.

Zwei Hausknechte kommen mit Stroh, und bereiten die Schlafstellen.

LEIM. Sie, machen S' mir mein Bett etwas in Entfernung von den andern, denn ich schlag' furchtbar herum bei der Nacht.

ZWIRN. Warum denn?

LEIM. Das ist alles mein Herzenskummer. Ihr werdet mir's nicht glauben – ich seh' einem lustigen Kerl gleich, aber das is alles nur auswendig, inwendig schaut's famos aus bei mir. Wie ich trink', glaub' ich, ein jeder Tropfen ist Gift – wie ich iß, so ißt der Tod mit mir – wenn ich spring' und tanz', so ist mir inwendig, als wenn ich mit meiner Leich ging' – wie ich ein Kameraden seh', der nix hat, so gib ich ihm gleich alles, obwohl ich selbst nix hab', und das bloß, weil ich in Gedanken alleweil mein Testament mach'.

ZWIRN. Ja, Brüderl, wer ist denn deine Geliebte, daß sie dich gar so enderisch macht?

LEIM. Sie ist eine Tischlermeisterische.

KNIERIEM. Hat s' Laschi?

LEIM. Was? –

KNIERIEM. Knöpf.

LEIM. Wie? –

ZWIRN. Nein, nein – er fragt, ob sie Batzen hat.

LEIM. Geld? – Freilich hat s' Geld. Sie ist die Tochter vom reichen Meister Hobelmann in Wien.

ZWIRN. Von dem? – Schuster, den reichen Tischlermeister Hobelmann mußt ja kennen.

KNIERIEM. Ich bin ein Schuster, was geht mich ein Tischler an. Beleidigt's mich nicht!

ZWIRN. Wart, ich werd' dir gleich draufhelfen. Der reiche Tischler Hobelmann logiert in – – in Wien logiert er. – Du kennst den reichen Tischler Hobelmann nicht?

KNIERIEM. Nein.

ZWIRN. Ich kenn' ihn auch nicht.

KNIERIEM *zu Leim*. Da weiß ich dir ein Rat, schau daß du s' kriegst.

LEIM. Das hätt' ich selber g'wußt; aber da ist's zu mit'n Kriegen, ich glaub' es hat s' schon ein anderer.

KNIERIEM. So nimm du dir auch eine andere.

LEIM. Das bring' ich nicht übers Herz. O meine Peppi!

ZWIRN. Ja, mag sie dich, oder mag sie dich nicht?

LEIM. Das ist's eben was ich nicht weiß. Ich hab' drei Jahr bei ihrem Vater gearbeitet –

ZWIRN. Und weißt nicht, ob dich's Madel mag? – Tischler, du hast ja Hobelschaten im Kopf?

LEIM. Der Vater ist reich, er lebt in Pracht und Herrlichkeit, er war zwar selbst immer beim Geschäft, aber die Tochter haben wir Gesellen kaum alle Monat einmal zu sehen kriegt. Einmal bringt meine himmlische Peppi ihrem Vater eine Schale Kaffee in die Werkstatt – ich schau' sie zärtlich an, sie laßt ihre Blicke auf mich, und die Schalen auf die Erd' fallen – der Vater, der gähzornigste Patron von der Welt, wirft's Stemmeisen auf sie – ich erseh' das, halt' mich vor, und das Stemmeisen fahrt mir zolltief in die Achsel hinein.

ZWIRN. Ah Spektakel!

Setzt sich aufs Stroh.

KNIERIEM. Hast'n nit g'haut den Alten? – Wann mir das g'schehn wär'!

LEIM. Warum nicht gar! Ich bin umg'fallen, und wie ich wieder zu mir kommen bin, war der Alte und die Peppi bei meinem Bett. Der Alte hat g'sagt, ich möcht' das nicht übelnehmen, es war nicht so bös gemeint.

KNIERIEM. Bedank' mich.

LEIM. Es wird Sein Schaden nicht sein, hat er g'sagt, Er hat meiner Tochter das Leben gerettet; bis Er wieder gesund ist, wollen wir weiterreden über Sein künftiges Glück. *Mittlerweile hat Zwirn sich mit einem zerrissenen Tüchel den Kopf eingebunden, sich auf das Stroh gelegt.* Ein paar Wochen darauf, wie ich schon wiederhergestellt war, hör' ich auf einmal, der dicke reiche Strudl, der Wirt vom goldenen Nockerl, heirat – ich frag' wem? so heißt's: die Hobelmannische. – Das hat mir den Gnadenstoß geben; denn der Meister Hobelmann hat keine andere Tochter g'habt, als meine Peppi.

KNIERIEM. Na, da wirst aber doch aus Verzweiflung g'red't hab'n?

LEIM. Nein – es war grad Samstag, der Meister hat uns auszahlt – da bin ich den andern Tag in der Fruh aufg'standen, hab' auf ein Zettel g'schrieben: »Adieu Peppi, aus Bosheit heirat' ich jetzt auch« – und dann bin ich fort über Berg und Tal, ohne B'hüt' dich Gott und ohne allem; und so flankier' ich jetzt schon über zwei Jahr in der Welt herum.

KNIERIEM. Ich hätt' den Alten und den Wirt g'haut, und's Mädel hätt' ich g'heirat.

LEIM *legt sich nieder.* Mit mir ist's aus, ich hab' nichts mehr zu hoffen. Ich lauf' halt so mit, solang's sein muß.

KNIERIEM. Und ich sauf' halt so mit, solang's geht. *Zieht den Rock aus.* Ich hätt' jetzt ein Gusto zu astronomischen Beobachtungen; denn mich hat's G'mischte ein wenig duslich g'macht. *Gähnt.*

LEIM. Ich hab' schon seit ein paar Jahren kein Schlaf mehr. *Gähnt.*

Knieriem löscht das Licht aus und legt sich nieder.

ZWIRN. Werdt's nit bald still sein?

Schläft ein.

LEIM *einschlafend.* Peppi – Pep-pi –

KNIERIEM *ebenso.* Noch – ein – G'mischtes – denn der Komet –

Leise Musik beginnt. Wolken senken sich über den Hintergrund. Nach einer Weile teilen sich die Wolken, Fortuna wird sichtbar mit einem Füllhorn, daraus kommt die transparente Zahl 7359. – Der Schlaf der drei Gesellen wird unruhig. Die Wolken erheben sich wieder.

LEIM *sich nach und nach ermunternd.* Ah – ah – *Gähnt.* Das war ein kurioser Traum – 7359. – Wenn ich's nur nicht vergiß. – Ah, ich merk' mir's schon bis morgen. *Will wieder schlafen.* Es laßt mir keine Ruh', ich muß – He, Schneider! Schneider! – Der schlaft fest. – Landsmann!

ZWIRN *sich ermunternd.* Was ist's denn?

LEIM. Hast keine Kreiden?

ZWIRN. Ich glaub' nit. – Zu was denn?

LEIM. Mir hat ein Numero traumt.

ZWIRN *ihm eine Kreide gebend.* Ein Numero hat dir traumt?

LEIM. Ja. Nr. 7359.

ZWIRN. Und mir hat auch ein Numero traumt – es war Nr. 7359.

LEIM. Was? das nämliche Numero? – Bruder, das hat was zu bedeuten. Nur g'schwind aufg'schrieben. *Schreibt das Numero auf den Tisch.*

Es wird von außen stark geklopft.

STIMMEN *von außen.* Heda! Aufg'macht! Aufg'macht!

Vorige. Hannerl. Sepherl. Dann mehrere Maurer, Zimmerleute, Marktweiber etc.

HANNERL. Ich komm' schon!

Öffnet die Tür.

SEPHERL. Gar keine Ruh' hat man!

ZWIRN. Kellnerin! bring Sie mir ein Spiegel und ein Kölnerwasser.

SEPHERL *aufräumend.* Vor drei Uhr kommt man in kein Bett, und um halber Sechse soll man schon wieder auf'n Füßen sein. *Sie wischt das Numero aus.*

LEIM. Unglückliche! was hast du getan?

SEPHERL *erschrocken.* Was sein denn das für Dummheiten?

Die Eintretenden haben Schnaps etc. verlangt, und setzen sich an die Tische.

LEIM. Schneider, da schau her, 's Numero hat sie ausg'wischt.

ZWIRN. Wär' nicht übel! – *Zu Sepherl.* Sie ist eine unüberlegte Person, ein von der Natur vernachlässigtes Geschöpf.

LEIM. Weißt du das Numero noch?

ZWIRN. Freilich weiß ich's. Schreib auf das Numero. Es war 87tausend –

LEIM. Das war's nicht.

HANNERL *Knieriem aufweckend.* Aber hör' der Herr, schlaft man denn bis Mittag? Sieht Er denn nicht, daß schon wieder Gäst da sein?

KNIERIEM *sich halb im Schlaf erhebend, lallt.* Siebentausend – dreihundert – neunundfufzig.

LEIM *schnell auf ihn losfahrend.* Brüderl, was hast g'sagt?

KNIERIEM. Mir war im Traum, als wenn in einem ganzen Nebel von G'mischten – ist auf einmal erschienen – Nr. 7359.

LEIM. Nein, das geht nicht natürlich zu, alle drei den nämlichen Traum!

ZWIRN. Auf d' Letzt ist uns gar das Glück bestimmt.

LEIM. Wie können wir denn was g'winnen, wenn wir kein Los haben?

KNIERIEM. Wenn's Glück will, braucht man kein Los.

Achter Auftritt

Vorige. Ein Hausierer.

HAUSIERER *mit seinen Anhängtrüherl, worin verschiedene Waren sind, eintretend.* Guten Morgen allerseits. Kaufen die Herren Hosenträger, Brieftaschen, Pfeifenröhrln, Tabaksbeuteln – auch noch einige Lotterielose hab' ich – die Ziehung geht schon in einer Stunde vor sich. Kaufen Sie, vielleicht gewinnen Sie heut das große Los, probieren Sie Ihr Glück.

LEIM. Laß anschau'n, was sein's denn für Nummern?

HAUSIERER *zeigt die Lose.* Nr. 439.

LEIM. Das kann ich nicht brauchen.

HAUSIERER. Nr. 8521.

KNIERIEM. Das ist ein alt's Numero.

HAUSIERER. Nr. 7359.

ZWIRN *auf ihn losspringend.* Der hat unser Numero!

KNIERIEM *zu Leim.* Frag ihn, was's kost't.

LEIM *zum Hausierer.* Was kost't das Los?

HAUSIERER. Sechs Gulden Silber.

LEIM *zu seinen Kameraden.* Sechs Gulden Silber hat er g'sagt.

ZWIRN. Das bringen wir nit z'samm. – Wißt's was wir tun? – Schlag'n wir'n tot.

LEIM. Ah, wer wird denn so grob sein? Ein Menschen, den wir's erstemal sehn – wir wurden ausg'richt.

KNIERIEM. Ja, hing'richt wurden wir. – Ich hab' da in mein Brustfleck ein Taler eing'naht. *Trennt ihn heraus.*

LEIM. Ich hab' auch sechs neue Zwanziger.

ZWIRN. Da sein fünf Zwanziger – und zwei Zehnerln.

HAUSIERER. Na, wie ist's? kaufen's die Herren?

LEIM *legt den Taler auf das Trüherl.* Da ist ein Taler vom Schuster – und da sein sechs neue Zwanziger von mir. *Wendet sich zum Schuster.*

KNIERIEM. Der Taler ist von mir, daß keine Irrung g'schieht.

ZWIRN *zum Hausierer.* Der Taler ist vom Schuster – und die sechs Zwanziger sein vom Tischler. *Steckt den Taler in die Westentasche und tritt beiseite.*

HAUSIERER. Ja, wo ist denn der Taler?

KNIERIEM. Der Taler ist von mir.

LEIM. Da hab' ich ihn hergelegt.

HAUSIERER. Er ist aber nicht da.

LEIM *zieht den Zwirn herbei.* Du hast g'sehn, daß ich den Taler da herg'legt hab'.

ZWIRN *verlegen.* Ja – ja – der Taler ist eh'nder da g'leg'n.

HAUSIERER. Aber wo ist er denn jetzt?

ZWIRN. Wo er jetzt ist, wollen S' wissen? – Eh'nder ist er da g'leg'n.

KNIERIEM. Du, mach mich nicht fuchtig!

LEIM *beiseite zu Knieriem.* Sei still, ich hab' schon ein Mittel den Täter zu entdecken. *Laut zu den Anwesenden.* Meine lieben Leut', es ist ein Taler weggekommen, halten Sie daher alle, wie Sie hier im Zimmer sind, die Hände in die Höh'.

Alle tuen wie Leim gesagt.

LEIM. Haben alle die Händ' in der Höh'?

ALLE. Ja!

LEIM. Der auch, der den Taler g'nommen hat?

ZWIRN. Ja! *Bemerkt in diesem Augenblick, daß er sich verschnappt hat, und schlägt sich mit der Hand an die Stirn.* O je!

KNIERIEM. Haben wir dich erwischt!?

ZWIRN *den Taler zurückgebend.* Nur nicht kindisch – ich hab' den Taler nur wechseln woll'n.

KNIERIEM. Ja, du bist der, der's Geld wechselt.

LEIM *zum Hausierer.* Also, da ist der Taler vom Schuster – da sein die sechs Zwanziger von mir – und da sein fünf Zwanziger und zwei Zehnerln vom Schneider. – Jetzt her mit'n Los.

HAUSIERER. Da haben Sie's. Ich wünsch', daß Sie damit gewinnen. Schaffen S' ein andermal.

Neunter Auftritt

Vorige ohne Hausierer.

SEPHERL. Das ist stark, wie ich's Geld so hinauswerfen könnt'!

LEIM. Das wird sich kurios rentieren.

ZWIRN. Aber Sie reden ja schon wieder drein?

LEIM. Um wieviel Uhr ist denn die Ziehung?

SEPHERL. Gleich nach sechs Uhr fangt's an, grad da drüben, und dauert den ganzen Tag.

Man hört trommeln.

LEIM. Was trommeln s' denn?

ALLE WEIBER. Die Ziehung geht schon los.

EIN ZIMMERMANN. Weiß man nicht, wer's g'winnt?

SEPHERL. Gewiß wieder einer der's nicht braucht.

ZWIRN. Das könnt' man von uns nicht sagen, wenn wir's gewinneten.

Leim steht traurig und tiefsinnig.

KNIERIEM *zu Leim.* Was machst denn du wieder für trübselige Faxen? Das ärgert mich von dir.

LEIM. Meine Peppi ist mir eing'fallen. *Wieder heiter.* Aber es macht nur ein Bremsler, 's ist gleich vorbei.

Zehnter Auftritt

Vorige. Pantsch.

PANTSCH *rabiat hereinstürzend.* Das ist entsetzlich!

ALLE. Was ist's denn?

PANTSCH. Das ist unbegreiflich! Ich hab' den Haupttreffer nicht.

ALLE. Ist er schon da?

PANTSCH. Auf'n ersten Zug war er heraus. Nr. 7359.

LEIM, ZWIRN, KNIERIEM *außer sich vor Freude.* Mich trifft der Schlag! *Alle drei fallen um.*

ALLE. Was ist denn das? Zu Hülf!

LEIM, ZWIRN, KNIERIEM *springen jubelnd auf.* Den Treffer haben wir! Den Treffer haben wir! Juheh!

ALLE. Was? Nicht möglich!

LEIM. Da ist's Los, was wir grad kauft haben. – Wir wollen uns lustig machen. Alle Tischler von der ganzen Stadt sind eingeladen.

KNIERIEM. Herr Wirt! alle Schuster vom ganzen Land.

ZWIRN. Alle Schneider von der ganzen Welt!

ALLE. Juheh! Juheh! Juheh!

Alle ab.

LEIM *indem er mit Zwirn und Knieriem vortritt.* Jetzt sagt's mir aber, Kameraden, was fangen wir mit unserm Reichtum an? Ich hab' meinen Plan.

ZWIRN. O ich auch. Aber nur nobel!

KNIERIEM. Ich hab' ganz eine eigene Idee.

LEIM. Ich reis' nach Wien morgen in aller Früh; find' ich meine Peppi noch ledig, so bin ich der glücklichste Mensch auf der Welt; ist sie verheiratet, dann nutzt mich mein ganzer Reichtum nichts – da geh' ich dann nach Haus, bau' ein Spital für unglückliche Tischlergesellen, und da leg' ich zuerst mich selber hinein, und stirb auch drin.

ZWIRN. Nein, dieser Plan ist mir zu traurig. Ich werde von nun an mehr Don Juan, als Schneider sein.

KNIERIEM. Und ich hab' keine Leidenschaft, als die Astronomie, drum g'wöhn' ich mir's Biersaufen ab, und verleg' mich von heut an bloß auf'n Wein. Aufs Jahr geht so die Welt zugrund, da zieh' ich halt heuer noch von einen Weinkeller in den andern herum, und führ' so ein zufriednes, häusliches Leben.

LEIM. Mir ist leid, daß wir auf die Art nicht beisammen bleiben können.

ZWIRN. Wir haben jeder unsre aparte Passion.

KNIERIEM. Auseinander müssen wir.

LEIM. Aber, wie einer vom andern hört, daß er im Unglück ist –

KNIERIEM. Von Unglück ist gar keine Red' nicht, wenn der Mensch einen Treffer macht.

ZWIRN. Wenn's halt aber doch der Fall ist, so wollen wir einer dem andern beistehn.

LEIM. Die Hand drauf!

ZWIRN UND KNIERIEM. Gilt allemal.

Reichen sich die Hände.

LEIM. Und heut übers Jahr, am heutigen Tag, an dem Gedächtnistag unsers Glücks, kommen wir alle drei in Wien zusammen beim Meister Hobelmann, dort bin ich entweder glücklich, oder ihr erfahrt, wo ich in meinem Unglück zu finden bin.

ZWIRN UND KNIERIEM. Gilt detto. *Reichen sich die Hände.*

Pantsch und viele Männer und Weiber treten ein.

ALLE. Wir gratulieren!

LEIM. Danke, danke! – Herr Wirt!

PANTSCH. Euer Gnaden!

KNIERIEM. Wir geben eine Tafel bei Ihm.

PANTSCH. Euer Exzellenz –

ZWIRN. Heute ist bei mir *bal paré*.

PANTSCH. Euer Durchlaucht – mein Saal in der Vorstadt hab' ich aufs prächtigste neu arrangieren lassen, es kann alle Stund der Ball anfangen.

LEIM. Und jetzt aufg'rebellt, Musikanten! Jetzt marschieren wir im Zug zu der Ausspielung, um unser Geld z' holen, und nachdem geht's gleich ans Essen, Trinken und Tanzen bis morgen fruh.

CHOR.

Es kommt halt das Glück
Auf einmal oft dick;
Die Hüt' werft's in d' Höh',

Schreit's Juheh! Juheh!

Unter dem Chor alles jubelnd ab.
Der Vorhang fällt.
Ende des ersten Aufzuges.

Zweiter Aufzug

Die Bühne stellt die Tischlerwerkstätte des Meister Hobelmann in Wien vor. Mittel- und Seitentüren.

Erster Auftritt

Ein Fremder. Dann Gertraud.

FREMDER *die Werkstätte musternd.* Hat wirklich eine schöne Werkstätte, der Meister Hobelmann.

GERTRAUD *kommt aus der Seitentüre rechts – im schwäbischen Dialekt.* Euer Gnaden, ich hab's dem Meister Hobelmann schon gesagt, er wird gleich da sein. Da kommt er schon.

Geht durch die Mitteltüre ab.

Zweiter Auftritt

Der Fremde. Hobelmann.

HOBELMANN. Untertänigster Diener, Euer Gnaden. Mit was kann ich zu Diensten stehn?

FREMDER. Ich etabliere mich hier, und habe ein großes Möbelgeschäft mit Ihm abzumachen, lieber Meister.

HOBELMANN. Ist mir eine Ehr'. Aber dürft' ich nicht bitten, wenn's möglich wär', die Sach' auf morgen zu verschieben? Heut kann ich nicht, und wenn ich tausend Gulden profitieret; denn ich hab' heut eine Hochzeit im Haus.

FREMDER. Nach Gefallen, ich bin nicht pressiert.

HOBELMANN. Dann hab' ich aber noch eine Bitt'. Der Hochzeitschmaus ist zwar schon zu End', aber ein Schalerl Kaffee, wenn Euer Gnaden bei uns zu sich nehmen wollten – die Ehr' müssen Euer Gnaden der Braut antun.

FREMDER. Mit Vergnügen, lieber Meister.

HOBELMANN *ruft zur Türe hinein.* Peppi! richt den porzellanenen Weidling zum Kaffee für den gnädigen Herrn.

Beide ab.

Dritter Auftritt

Leim. Etwas später Gertraud.

LEIM *im schlechten zerrissenen Rock, den Wanderbündel auf dem Rücken, tritt ein.* Ich weiß nicht, was das ist, kein Mensch fragt mich, zu wem ich will. In der Kuchel hab' ich eine Menge Dienstboten g'sehn, die jubeln, was's Zeug halt, und einer sitzt vor der Tür, dem muß übel sein. *Umhersehend.* Da wär' ich halt wieder in meiner lieben Werkstatt. – Das sind Erinnerungen für mich! Auf dem Platz hab' ich einen Tisch g'macht und hab' d' Füß vergessen; denn meine Gedanken waren bei der Peppi – an dem Platz hab' ich ein Kastenb'schläg an ein Spucktrüherl g'nagelt; denn meine Gedanken waren nicht bei der Arbeit. – O ich war ein Stockfisch, daß ich nie g'redt hab', und mir g'schähet recht, wenn sie schon längst den Wirt gehei –

GERTRAUD *zur Mitte eintretend.* Wie kommt denn Er da herein?

LEIM. Nu, wie jeder andere Mensch, bei der Tür.

GERTRAUD. Wann Er Arbeit suche tut, so komm Er morge, heut ist's nix, heut hanne wir Hochzeit.

LEIM *erschrocken.* Wer hat g'heirat?

GERTRAUD. Der Herr Strudl, der Wirt im goldene Nockerle hat g'heirat – Vormittag war die Kopulation.

LEIM. Wem hat er g'heirat?

GERTRAUD. Die Mamsell Hobelmann.

LEIM *fährt auf sie los.* Schwabin! ich bring' dich um.

GERTRAUD *schreit, indem sie abläuft.* Zu Hülfe! zu Hülfe! er will mich verschlage.

Vierter Auftritt

Leim. Hobelmann.

HOBELMANN. He, he! was gibt's denn da?

LEIM. Meister Hobelmann –

HOBELMANN *erfreut*. Was seh' ich! Leim, Er ist wieder da? Na das freut mich! *Ruft in die Türe*. Peppi! Peppi! g'schwind komm, der Leim ist da!

LEIM. Um alles in der Welt, nein! Ich will sie nicht sehen – ich kann sie nicht sehen.

Vorige. Peppi.

PEPPI *heraushüpfend, einen weißen Kranz auf dem Kopf, ganz weiß gekleidet.* Ach Vater – wo – wo ist er? – Ha! endlich kommt er wieder zurück. Ist das auch recht, daß Er so lange auf sich warten ließ? *Faßt ihn sanft am Arme.*

LEIM *sie in heftiger Bewegung, aber nicht unsanft abwehrend.* Zurück, junge Frau!

PEPPI. Vater, was ist ihm denn?

HOBELMANN. Das wird sich geben.

PEPPI. Ach Gott, Johann, ich bin so froh, daß Er wieder da ist, so froh. Das muß ich gleich dem Strudl erzählen. *Ins Seitenzimmer ab.*

Sechster Auftritt

Vorige, ohne Peppi.

LEIM. O Strudl! – Der Strudl liegt mir im Magen, wie ein Knödel.

HOBELMANN. Er schaut etwas abg'schaben aus, mein lieber Leim, Er hat nicht viel aufg'steckt in der Fremd. Sei Er froh, daß Er wieder bei mir ist, ich hab' mit Ihm einen Plan.

LEIM. O jetzt geht der Leim aus'n Leim, für mich plant sich nichts mehr. – Meine Peppi!

HOBELMANN. Ah! ist es das? Sieht Er, mein lieber Johann, wie Er mir damals so unverhofft davongegangen ist, hat Er ja geschrieben, Er wird aus Bosheit heiraten.

LEIM. Das hab' ich nur aus Bosheit g'schrieben; aber ich bin so ledig, als nur was sein kann.

HOBELMANN. Ich hätt' vor zwei Jahren durch einen gähzornigen Wurf meine Tochter umbracht, wenn Er nicht gewesen wär', für diese Tat hat Er sich's Madel verdient; aber Er hat ja nix g'redt – oder hat Er geglaubt, daß ich ihn um Gottes willen bitten soll, daß Er's Madel heirat?

LEIM *verzweifelnd.* O ich war ein Esel! so was kommt nur alle Jahrtausend einmal auf d' Welt.

Siebenter Auftritt

Vorige. Strudl. Anastasia. Peppi. Der Fremde.

HOBELMANN *auf Leim zeigend.* Da, meine Freunde, seht's, da ist er!

ALLE. Willkommen! Willkommen!

STRUDL *gutmütig zu Leim.* Das war nicht schön von Ihm, daß Er uns so abg'fahren ist.

LEIM *beiseite grimmig.* Der Dickwanst foppt mich noch? Das ist zu viel! *Grob zu Strudl.* Sie haben's nötig, daß S' mich aufziehn wollen. Pfui Teufel! ich schamet mich, heiraten mit *dem* Bauch. Sie sollten sich lieber zwischen Ihre Weinfässer setzen, von denen keins so dick ist, als Sie, und so lang trinken, bis Sie liegen bleiben im Keller unten, das wär' g'scheiter, als auf der Welt heroben einem ehrlichen Kerl seine Lieb abfischen.

ALLE. Was?

HOBELMANN. Leim, jetzt sei Er still! Wie kann Er einen ehrenfesten Mann in meinem Hause so traktieren?

LEIM. Ja, ehrenfester Mann –

HOBELMANN. Da geh' Er her; ich muß Ihn ja erst bekannt machen mit der ganzen Gesellschaft.

LEIM. Oh, ich kenn' alle.

HOBELMANN *auf Strudl zeigend.* Das ist mein Freund Strudl, der Bräutigam, jetzt eigentlich schon Ehmann – das *Auf Peppi zeigend.* ist meine Tochter Peppi, die Kranzeljungfer. –

LEIM *froh überrascht.* Kranzel – Jungfer?

HOBELMANN *Anastasia vorführend.* Das ist Anastasia Hobelmann, die Tochter von meinem verstorbenen Bruder, gegenwärtig ehrenfeste Strudl.

LEIM *in höchster Freude losbrechend.* Also die Peppi ist nicht seine Frau? sie ist noch frei? *Zu Peppi eilend.* Du bist also noch mein, Peppi? – bist keine Strudl? *Anastasien die Hand küssend.* O meine Gnädige! erlauben Sie, daß ich Ihnen die Hand küsse. *Zu Strudl.* Und Sie, mein bester, liebster, schönster, goldener Herr von Strudl, jetzt hab' ich Ihnen so lieb, weil Sie nur die Peppi nicht g'heirat haben. Verzeihen Sie, ich war ein Flegel – ich begreif' gar nicht, wie ich hab' schimpfen können über Ihre respektable Westegegend – *Dreht ihn um, und streicht über seinen Rücken.* Sie sind so schön, so proportioniert – gar kein Bauch – lassen Sie sich umarmen. *Umarmt ihn.* – Und Sie, Herr Schwiegerpapa

Sich zu Hobelmann wendend.

HOBELMANN. Was? Schwiegerpapa? Er hat ja noch nicht einmal mit'n Madel Richtigkeit g'macht, Sein Wort angebracht, bei mir gar nicht angehalten um sie.

LEIM. O Peppi! himmlische Peppi!

PEPPI. Ich sollt' bös sein, Johann.

LEIM. Ja, ich verdien's.

PEPPI. Du hast mir viel Kummer verursacht.

LEIM. Und das bloß durch meine Dummheit, weil ich nix g'redt hab'.

PEPPI *ihm die Hand reichend.* Du hast mir das Leben gerettet, ich bin dein.

HOBELMANN. Halt! da hab' ich auch ein Wort dreinzureden. Dem ersten besten Hasenfuß, der nix ist und nix hat, kann ich meine Tochter nicht geben. Indessen, das ist mit Ihm anders geworden, Er ist ein Mann, der seine Batzen hat.

LEIM. Was? Wie weiß denn der Meister das?

HOBELMANN. Nu, wenn ich's nicht wüßt', wer sollt's denn hernach wissen. – Ich hab' für Ihn damals, wie Er den Wurf aufg'fangt hat, der meine Tochter getroffen hätt', 500 Dukaten angelegt, die g'hören samt Interessen Sein. Jetzt fang Er halt Sein Meisterstuck an, in drei Wochen ist Er Meister, und dann soll Er's Madel haben.

ALLE. Wir gratulieren!

LEIM. Bester, großmütigster Herr Schwiegerpapa! ich nehm's an; aber jetzt müssen auch Sie und die Peppi erlauben, daß ich das auch dazuleg', was ich hab'.

HOBELMANN. Hat Er sich auch was erspart?

LEIM. Was man sich halt so erfecht auf der Straßen. Ich werd' gleich die Kisten hereintragen lassen. *Läuft zur Türe.* Heda, Leut'! nur herein!

Vier Träger tragen eine große Kiste herein.

ALLE. Was ist das?

LEIM *den Deckel aufreißend.* Das gehört alles meiner Braut.

HOBELMANN. Lauter Geldsäck? – Was Tausend!

LEIM. Nix tausend – über dreißigtausend Taler sind da drin. Ich hab s' in der Lotterie gewonnen, ich bin jetzt ein Mandel mit Kren.

ALLE *ganz verwundert.* Ah! Ah!

LEIM. Der alte zerrissene Rock da, war nur Verstellung, ich hab' dich nur prüfen wollen, ob du mich noch liebst.

PEPPI. Johann! Mein Johann! ich verlang' mir nichts als dein Herz.

Sinkt in seine Arme.

HOBELMANN. Das Geld gehört also alles Sein? – Jetzt muß Er's Madel nehmen! *Vereinigt ihre Hände.* Heut vier Wochen ist Hochzeit, da soll die ganze Stadt reden davon.

LEIM. Das Geld g'hört mein – die Peppi g'hört auch mein, jetzt nimm ich mein ganze Bagage zusamm, und zieh' aus. *Er hebt Peppi in die Kiste auf die Geldsäcke, die Träger tragen sie ab, er geht nebenbei, alle andern folgen.*

Verwandlung.

Elegantes Zimmer in Zwirns Wohnung mit Mittel- und Seitentüren. Im Vorgrunde rechts und links Tische und Stühle.

Achter Auftritt

Zwirn allein, tritt in einem modernen Palmenschlafrock auf.
ZWIRN. Jetzt bin ich schon über ein Vierteljahr hier in Prag etabliert – ist das ein Leben in dem Prag, wenn der Mensch ein Geld hat. Ich betreib' zwar mein Handwerk auf eine noble Manier, aber es bleibt halt doch Schneiderei, und mich hat die Natur zu etwas Höherem bestimmt, alles zeigt, daß ich nicht zum Schneider geboren bin.

Neunter Auftritt

Zwirn. Mehrere Bediente und Gesellen, einer nach dem andern.

ERSTER BEDIENTER *aus der Mitteltüre.* Eu'r Gnaden, es ist eine Kundschaft da.

ZWIRN. Ich bin heut' nicht mehr zu sprechen.

ERSTER BEDIENTER. Sehr wohl, Eu'r Gnaden.

Ab.

ZWIRN. Die Leut glauben grad, ein Schneider ist nur wegen ihnen auf der Welt.

ERSTER GESELL *aus der Seitentüre links.* Herr von Zwirn!

ZWIRN. Was gibt's?

ERSTER GESELL. Der Herr von Fidibus hat seinen Konto bezahlt.

Will ihm Geld geben.

ZWIRN *ihn stolz zurückweisend.* Das geht den Buchhalter an. *Der Gesell will gehen.*

ZWEITER GESELL *ebenfalls von links kommend.* Herr Meister! –

ZWIRN. Grobian! Weiß Er meinen Titel nicht?

ERSTER GESELL *leise zum zweiten.* Herr von Zwirn mußt sagen.

ZWIRN. Noch einmal das Wort Meister, und du hast ausgerungen.

ZWEITER GESELL. Herr von Zwirn, der Konto da ist nix nutz g'schrieben.

ZWIRN. Man trage ihn schleunigst noch einmal in die Kopiatur, und melde dem Kanzleipersonale meinen Zorn.

Beide Gesellen ab.

ERSTER BEDIENTER *durch die Seitentüre links.* Euer Gnaden, es ist Samstag, die Gesellen wollen ihr Geld.

ZWIRN. Sie sollen zu meinem Kassier gehen, ich bekümmere mich nicht um solche Gemeinheiten.

ERSTER BEDIENTER. Das hab' ich ihnen auch g'sagt, aber sie sagen, sie sein überall vom Meister auszahlt worden.

ZWIRN. Zum Kassier hab' ich g'sagt. Hinaus, *Filou!*

Erster Bedienter ab.

ZWEITER BEDIENTER *durch die Mitte.* Euer Gnaden, der Maler ist da.

ZWIRN. Herein mit'n Maler.

ZWEITER BEDIENTER. Sehr wohl. *Ab.*

Zehnter Auftritt

Zwirn. Maler.

MALER *mit vielen Verbeugungen zur Mitte eintretend.* Wenn es gefällig wäre, mir nur noch gütigst auf ein Viertelstündchen die Ansicht Ihrer höchst interessanten Physiognomie zu verstatten. *Richtet seinen Apparat auf den Tisch.*

ZWIRN. Na, ein Viertelstündchen hab' ich grade noch Zeit. *Setzt sich.* Aber Sie dalken lang herum mit mein Porträt.

MALER. Heut wird der Dalk fertig.

ZWIRN. Was? – Wie meinen Sie das?

MALER. Ich meine meine eigne Wenigkeit – ich werde heute fertig mit Hochdero Porträt.

ZWIRN. Ah so!

MALER *indem er malt.* Dieselben hätten sich aber doch sollen gefälligst in Öl malen lassen.

ZWIRN. Wegen meiner, wenn wir wo ein gutes Öl kriegen. – Schaun S' nur, daß S' mich gut treffen, es wär' schad' um ein jeden Zug, der danebengeht.

MALER. Ihre Nase ist sehr schwer zu treffen.

ZWIRN. Meine Nasen? Gar nicht. Schaun S', mir hat voriges Jahr im Bierhaus einer ein Halbglas ins G'sicht g'haut, der hat meine Nasen sehr gut getroffen, sag' ich Ihnen.

Eilfter Auftritt

Vorige. Hackauf.

HACKAUF *zur Mitteltüre eintretend, im böhmischen Dialekt.* Ale Gagramente, was wär' denn das? Sie sein's nit auf zu Haus, und sitzen's da und lassen's Ihne paladatschete G'fries mal'n?

ZWIRN. Hinaus!

HACKAUF. Ah, da muß ich bitten! Ich bin ich Kundschaft, die zahlte gleich. Gleich af der Stell meßt Er mir ein Rock an.

ZWIRN. Hinaus!

HACKAUF. Was? Ich soll ich hinausgehn? – *Er packt Zwirn, und drängt ihn auf den Sessel, worauf der Maler das Bild gelegt, – Bediente treten ein, und drängen Hackauf zur Mitteltüre hinaus.*

MALER. Wo ist denn mein Porträt?

ZWIRN. Das hat gewiß der Fleischhacker mitgenommen.

Geht an die Türe, das Porträt klebt an seinem Schlafrock.

MALER. An Ihrem Schlafrock klebt's.

ZWIRN *besieht sich.* Ah verflucht, jetzt hab' ich mich auf mein Miniaturg'sichtl g'setzt.

MALER. Das ist hin; doch es macht nichts, Sie zahlen um 50 Dukaten mehr, und ich mach' es Ihnen von neuem.

ZWIRN. Aber heut kann ich nicht mehr sitzen, ich bin zu alteriert.

MALER *hat seine Sachen zusammengepackt.* So werd' ich morgen die untertänigste Ehre haben. *Mit Verbeugung ab.*

Zwölfter Auftritt

Zwirn allein, sehr erschöpft.

ZWIRN. Den Fleischhacker klag' ich – ich muß Satisfaktion haben. Ich arbeit' einmal für keine Kundschaft, die mir meinen Respekt nicht gibt, und wenn s' mich zehnfach bezahlt.

Zwirn. Windwachel. Lüftig.

WINDWACHEL. Teurer Freund! hier hab' ich das Vergnügen, dir einen Duzbruder von mir vorzustellen. Herrn von Lüftig.

LÜFTIG. Herr von Zwirn, ich hatte schon lange den Wunsch, den berühmten Mann kennenzulernen –

ZWIRN *geschmeichelt.* Ich bitte, die Ehre ist meinerseits.

WINDWACHEL. Mein Freund will sich Verschiedenes bei dir machen lassen.

ZWIRN. O ich bitte, mein ganzes Magazin steht zu Befehl. Belieben Sie sich nur nach Gusto auszusuchen.

LÜFTIG. Ich brauche aber ziemlich viel.

ZWIRN. Je mehr, desto besser.

LÜFTIG. Bin aber für den Augenblick nicht bei Kassa, um gleich bezahlen zu können.

ZWIRN. Tut nichts, ich hab' Geld genug; übrigens kennt Sie mein Freund Windwachel, und das ist genug. – Spazieren Sie nur in mein Magazin.

LÜFTIG. Ihr untertänigster Diener, Herr von Zwirn. *Im Abgehen zu Windwachel.* Der Schneider kriegt keinen Kreuzer von mir. *Ab.*

ZWIRN. Jetzt sag mir, Freund, kommt die Frau von Palpiti?

WINDWACHEL. Ich war heute vormittag bei ihr, sie nahm deine Einladung samt ihren beiden Töchtern mit Vergnügen an.

ZWIRN. Du hast doch nichts merken lassen, daß ich ein Schneider bin?

WINDWACHEL. Keine Silbe.

ZWIRN. Hast g'sagt, daß ich ein Kapitalist bin aus – aus – aus *Particulier?*

WINDWACHEL. Freilich. – Nun hätt' ich aber eine Bitte an dich. In deinem Magazin ist nicht ein Stück, was mir paßt; du mußt schon die Güte haben, und mir selbst das Maß nehmen.

ZWIRN *sehr bereitwillig.* Ja, Freund! mit dir mach' ich eine Ausnahm. *Läutet, erster Bedienter tritt ein.* Johann, geh' Er hinüber, und hol' Er mir eine Schneidermaß.

Bedienter ab.

WINDWACHEL. Du wirst finden, daß ich seit einiger Zeit etwas schlanker geworden bin.

ZWIRN. Es ist wahr, du bist bedeutend mägerer geworden, du brauchst auf ein Frack jetzt nicht mehr als anderthalb Achtel Kasimir. *Der Bediente hat das Maß gebracht.* Was willst denn haben?

WINDWACHEL. Einen modernen Kaput.

ZWIRN *ihm Maß nehmend.* Was nehmen wir denn für eine Farb?

WINDWACHEL. Ich denke, kastanienbraun.

ZWIRN. Die Hand halt so, daß wir die Armlänge kriegen. – *Nimmt ihm die Länge zu einem Schlepp.* Was nehmen wir denn für einen Kragen?

WINDWACHEL. Schwarzblauen Samt.

ZWIRN. G'fallt mir nicht – ich glaubet pomeranzengelb.

WINDWACHEL. Ah, was fallt dir ein!

Vierzehnter Auftritt

Vorige. Frau von Palpiti, Laura, Camilla treten, von beiden unbemerkt, ein.

PALPITI. Wir haben die Ehre –

ZWIRN. So, jetzt die Mitte.

PALPITI. Wir haben die Ehre –

ZWIRN *sie bemerkend, wirft Maß und Schere weg.* Mich trifft der Schlag!

PALPITI. Wir haben gestört –

ZWIRN *sehr verlegen.* O nein – es war – ich hab' nur –

WINDWACHEL. Ein Scherz, weiter nichts.

ZWIRN. Ja, nur ein G'spaß – wir wollten sehen, wer dicker ist um die Mitte. – Ich bin noch ganz im Negligé, Sie erlauben schon – ich werd' gleich mein Sonntagskleid anleg'n. Windwachel, unterhalte die Damen indes.

Ab in die Seitentüre rechts.

Fünfzehnter Auftritt

Vorige, ohne Zwirn.

CAMILLA. Ah, das ist ein kurioser Mensch.

LAURA *zugleich.* Was ist denn das?

PALPITI *zu Windwachel.* Sie haben uns gesagt, daß der Herr vom Haus ein gebildeter Welt-
mann ist. Weh' Ihnen, wenn Sie meine Töchter durch eine ignoble Bekanntschaft blamieren.

CAMILLA. Ich hab' schon geglaubt, Sie haben uns in eine Schneiderwerkstatt geführt.

WINDWACHEL. Was fällt Ihnen ein? Der Herr vom Haus ist ein Mensch, der von seinem
Geld lebt und viel Geld hat; ist Ihnen das nicht genug?

LAURA. Freilich, wenn ich an die brillantenen Ohrringe denke –

WINDWACHEL. Dann finden Sie, daß er eine scharmante Bildung hat.

CAMILLA *zu Windwachel.* Wir sind Ihnen verbunden für die *Connaissance,* zu der Sie uns
verholfen haben.

PALPITI. Oh, nicht ihm habt ihr das zu danken, sondern nur mir; denn erst seitdem ihr
nach meiner Idee euch für Italienerinnen ausgegeben, habt ihr einigen Anwert.

LAURA. Es liegt doch nur in unserm interessanten Benehmen, daß man es uns glaubt.

CAMILLA *zu Laura.* Meine wällische Aussprach hat schon manchen irregeführt, bei dir
aber wird er sich bald auskennen, daß du nur eine Burkersdorferin bist.

LAURA. Das könnte wohl bei dir der Fall sein.

WINDWACHEL. Nur keinen Streit, meine Damen – da kommt der Herr vom Haus.

CAMILLA. Jetzt will ich gleich Eindruck auf sein Gemüt machen.

Vorige. Zwirn nach dem neuesten Journal, aber karikiert gekleidet.

CAMILLA *sich stellend, als ob sie weine.* O ich Unglückliche! Freund, weinen Sie mit mir.

ZWIRN. Was ist denn geschehn?

CAMILLA. Ich habe meinen Mopperl verloren.

ZWIRN. Ha, ha, ha! Ist nicht schad' um so ein Viecherl.

CAMILLA. O ich bin untröstlich! Jetzt erst hab' ich den Verlust bemerkt.

ZWIRN. Er kann ja noch nicht weit sein.

CAMILLA. Das Hunderl ist sicher nach Italien geloffen.

ZWIRN. Lassen wir'n anschlagen. Ich zahl' zwanzig Dukaten, wer ihn bringt. – Windwachel! – Windwachel! hörst denn nicht, wenn ich dich ruf'?

WINDWACHEL *der mit Frau v. Palpiti gesprochen, wendet sich zu ihm.* Was willst denn?

ZWIRN. Schreib eine Annonce!

WINDWACHEL. Schreib sie selbst.

ZWIRN *leise zu ihm.* Ich kann nicht schreiben.

WINDWACHEL. Ah so!

Setzt sich an den Tisch.

ZWIRN *diktiert.* Verlorner Hund –

CAMILLA. Halt! das geht nicht; die Annonce muß italienisch sein, sonst versteht's dort niemand.

ZWIRN *beiseite.* Jetzt kocht's. *Leise zu Windwachel.* Kannst du wällisch?

WINDWACHEL. Kein Wort.

ZWIRN. Italienisch auch nicht?

WINDWACHEL. Ebensowenig.

ZWIRN *für sich.* Ich hab' vier Wochen in Triest gearbeitet, da ist so manches hängengeblieben. Probier'n wir's. *Zu Windwachel.* Schreib italienisch. *Diktiert. Cane perdutto – Non avete veduto – cane perdutto. – Zu Camilla.* War der Mopperl ein Mandel oder ein Weibel?

CAMILLA. Er war männlichen Geschlechts.

ZWIRN *diktiert. Questo* Mopperl *– un Signore. Zu Camilla.* Was für einen Charakter hat er gehabt?

CAMILLA. Je nun, wie alle Mopperln.

ZWIRN *nachdenkend.* Aha! *– Diktiert. carattere – calfacteristico. Zu Camilla.* Wie alt?

CAMILLA. Drei Jahr.

ZWIRN. Drei Jahr – wie heißt denn das – *Diktiert. tre cento anni vecchio. Zu Camilla.* Hatte er keine besonderen Kennzeichen?

CAMILLA. Er trug ein schwarzes Halsband.

ZWIRN *diktiert. Portate un nero cravattel. Zu Camilla.* Hatte er abgeschnittene Ohren?

CAMILLA. Natürlich, er war ja ein Mopperl.

ZWIRN *diktiert. Gestutzte orrechi. Zu Camilla.* Wie hat's denn mit dem Gebiß ausg'schaut?

CAMILLA. Er hatte fast gar keine Zähne.

ZWIRN. So? *Nachsinnend, für sich.* Keine Zähn'; wie heißt denn das auf wällisch? – Hab's schon. *Diktiert. Zani kani. –* War er klein oder groß?

CAMILLA. Ein ganz kleines Hunderl.

ZWIRN *diktiert. Piccolo* Viech mit *quattro* Haxen. *– Recompenza* zwanzig *Zechini in buona moneta. Läutet.* He, Bediente!

ERSTER BEDIENTER *eintretend.* Eu'r Gnaden!

ZWIRN. Das kommt in die Buchdruckerei.

Gibt ihm das Blatt.

ERSTER BEDIENTER. Wo wird's denn ang'schlagen?

ZWIRN. In ganz Italien.

ERSTER BEDIENTER *für sich.* Mein Herr ist ein Narr. *Ab.*

CAMILLA *zu Zwirn.* Ich dank' Ihnen vielmals.

ZWIRN. O Sie schöne Signora, es ist gern geschehen. *Sich zu Laura wendend.* Haben Sie vielleicht auch etwas verloren?

LAURA. Und wenn ich mein Herz verloren hätte?

ZWIRN *entzückt für sich.* Die geht scharf drein, ganz das italienische Feuer.

WINDWACHEL. Die Gesellschaft kommt.

Siebenzehnter Auftritt

Vorige. Mehrere geputzte Herren und Damen, unter ihnen Lüftig im neuen Frack.

CHOR DER GESELLSCHAFT.

Geladen haben Sie uns, Herr von Zwirn,
Wir tun von Ihrer Güte profitier'n.
Wer Ihre Gastfreiheit und Freundschaft kennt,
Macht Ihnen auch ein tiefes Kompliment.

ZWIRN *nachdem er sie begrüßt.* Das ist wahr, die ganze schöne Welt von Prag hab' ich da versammelt.

LÜFTIG. Herr von Zwirn, eine schönere Wohnung als Sie, kann man nicht mehr haben, hier fehlt nur eins zur vollständigen Eleganz.

ZWIRN. Wie? bei mir fehlte noch was?

LÜFTIG. Sie müssen die Gasbeleuchtung einführen.

ZWIRN *beleidigt.* Gasbeleuchtung? – Ich kann beleuchten mit was ich will, das geht Ihnen gar nichts an.

LÜFTIG *erstaunt.* Ich meinte nur –

ZWIRN. Trau'n Sie mir nicht – wenn ich meine Scher erwisch' – *Sich korrigierend.* will ich sagen, meinen Degen wenn ich erwisch' –

LÜFTIG. Sie sind ein Narr!

ZWIRN. Marschieren Sie, sonst wirf ich Ihnen ein Bögeleisen nach!

LÜFTIG. Adieu, Sie Herr Zwirn Sie.

Mit Windwachel ab.

CAMILLA *zu Zwirn.* Sie haben Verdruß gehabt.

ZWIRN *sich fassend.* Das eben nicht, aber –

LAURA. Kann teilnehmende Freundschaft Sie wieder erheitern?

ZWIRN. Freundschaft? – Nein, die Liebe könnte das viel besser.

CAMILLA. Die Liebe, glauben Sie?

LAURA. Je nun –

ZWIRN *beide in die Wangen kneipend.* O ihr seid beide ein paar liebenswürdige Schnecken!

Quodlibet. Terzett mit Chor.

CAMILLA.

Wie mich der Mann betrachtet,
Ach, das ist stark, auf Ehr.

LAURA.

Auf mich allein er schmachtet,
Es ist kein Zweifel mehr.

ZWIRN *Rezitativ.*

Allen zwei'n möcht' ich zugleich ein Bussel geben,
Ich weiß nicht wie mir g'schieht,
Ich fühl' mein Herz hier erbeben.Ich möcht' ein kleines Hüttchen nur

Wo hab'n auf einer stillen Flur,
Bei diesem Hüttchen fließt ein Bach,
Und diesem Bach fließt Liebe nach.

CAMILLA.

Der Gesang, zart und still,
Weckt Liebesqual;

Daß ich für einen Mann was fühl',
Ist's erstemal.

LAURA.

O fließt ihr Tränen,
Ertönt ihr Klagen,
Vergeblich Sehnen
Nach sel'gen Tagen,
Des Herzens Bangen
Kennt kein Verlangen,
Als nur den Tod allein.

ZWIRN.

Welch ein Reiz in ihren Tönen,
Tränen selbst sie noch verschönen,
Neu entflammt der Liebe Glut.

CAMILLA.

Wo die Donau brav rauscht,
Und kein Stadtherr nit plauscht,
Viel Meil'n weit von hier,
Möcht' ich schmachten mit dir.

ZWIRN.

Wenn mir dein Auge strahlet,
Ist mir so leicht, so gut.

LAURA.

Und meine Wangen malet
Noch nie gefühlte Glut.

CAMILLA.

O weile!

ZWIRN.

Laß mich!

CAMILLA.

Weile!

ZWIRN.

Laß mich;
Dort hinten bei der Linden
Sitzt ein unbekanntes Reh,
Das schaut kerzengrad in d' Höh.
Auf der G'stetten war's a Metten,
Auf der G'stetten sitzt a Mann,
Der hat ein Pudel und ein Hahn;
Und weil's dort gar so zieht,
Hat der Pudel d' Strauchen kriegt,
Da wird desparat der Mann,
Frißt g'schwind seinen Hahn.

CAMILLA.

Willst du kalt mir widerstreben,
Ach, dann ende auch mein Leben.

Kannst du mir nicht Liebe geben,
Ja, dann weih' ich mich dem Grab.

LAURA.

Ei! –
Nun, Schwester! was sagst du denn?
Er kann nicht länger widerstehn,
Er findt mich einmal gar zu schön.

CAMILLA.

Du glaubst, es sein alle Leut
In dich verliebt, na, da hat's Zeit.
Versteht sich, da hat's Zeit.

ZWIRN.

Halt!
In diesen heil'gen Hallen,
Kennt man die Rache nicht,
Und ist a Mensch hier g'fallen,
Das wär' a verfluchte G'schicht.

LAURA.

O caro, caro mio!

CAMILLA.

Con te felice son io.

ZWIRN.

Nehmt's mir's nit krumm,
Ich bin nit so dumm,
Die wällische Sprach
Bringt mi a no nit um.
Cara ade a tendi mi,
Prove soave palpiti,
Ch' esprimere non sò non sò
Non sò non sò non sò.

CAMILLA.

Es ist doch ein Glück
Ein Berliner zu sein.

CHOR.

Ja, ja, ein Berliner zu sein.

LAURA.

Wir sind mit den Männern
Stets pfiffig und fein.

CHOR.

Ja, wir sind pfiffig und fein.

Laura dudelt.

CHOR.

Es geht ihm die Arbeit
So flink wie das Maul,
Auch ist er beim Essen
Und Trinken nicht faul.

LAURA.

Lasset jeden Streit uns enden.

CHOR *zugleich.*

Wie die Schwestern sich versöhnen etc.

LAURA.

Mag er sich zu einer wenden,
Räumt die andre dann gern das Feld,
Viel tausend Männer gibt's auf der Welt.
Ja, es wird mir doch gelingen,
Ihn gewiß ins Netz zu bringen.
Einen reichen Mann zu fangen,
Darnach gehet mein Verlangen.

ZWIRN, LAURA, CAMILLA.

Ja, es wird mir schon gelingen etc.

CHOR *fällt mit ein.*

Täuschet nur nicht leerer Schein,

Welche Freude wird das sein.

Der Vorhang fällt.
Ende des zweiten Aufzuges.

Dritter Aufzug

Die Bühne stellt ein nobles Zimmer im Erdgeschoß in Meister Hobelmanns und Meister Leims Hause in Wien vor, mit Mittel- und Seitentüren, und zwei praktikablen Fenstern im Hintergrunde; durch welche man auf die Straße sieht. ·

Erster Auftritt

Gertraud. Reserl.
GERTRAUD. Also heut ist der g'wisse Jahrestag, wo s' zusammenkommen sollen alle drei Brüderln.
RESERL. Ich hör' einen Wagen, mir scheint, es kommt schon einer ang'fahren.
GERTRAUD. Ja, mir scheint auch.
Beide eilen an das Fenster rechts im Hintergrunde, und schauen rechts in die Szene.
RESERL. Nein, das ist der gnädige Herr, der da daneben wohnt im ersten Stock.

Zweiter Auftritt

Vorige. Zwirn kommt ärmlich und abgerissen, aber wohlgemut zur Mitteltüre herein.

ZWIRN. Schön' guten Abend wünsch' ich. Logiert da nicht der Meister Hobelmann?

GERTRAUD. Ja. Und was will Er?

ZWIRN. Sagen S' nur, der Zwirn ist da, wegen dem Jahrestag.

BEIDE. Wie? Was?

ZWIRN. Ja, so schaut ein Zwirn aus, dem der Zwirn ausgangen ist.

GERTRAUD. Sie machen ein Spaß – so ein reicher Herr, der so viel g'wonnen hat, in *der* Maskerade.

ZWIRN. O nix Maskerade, das ist mein schönster, mein einziger Anzug, denn ich hab' gar kein andern.

RESERL. Hören S' auf!

ZWIRN. Auf Ehr, wenn ich auf einen Baum steig', so hab' ich nix zu suchen herunt' auf der Erd.

GERTRAUD. O du blau's Herrgottle, das ist kaum zum Glauben.

ZWIRN. Unter andern, war noch kein Schuster da?

KNIERIEM *von außen.* Fixstern, Kometen! Wenn ich nicht bald ein Schnaps krieg', so –

ZWIRN. Ah, da kommt er schon.

Dritter Auftritt

Vorige. Knieriem.

KNIERIEM *ebenfalls zur Mitte eintretend, sehr abgeschaben.* Ist das die Boutique, wo der Herr Hobelmann logiert?

ZWIRN. Brüderl, kennst mich nicht?

KNIERIEM. Hallo! der Zwirn!

Umarmen sich.

ZWIRN *betrachtet ihn von oben bis unten.* Armer Mensch, wie siehst du aus!

KNIERIEM. Du hast Ursach, daß dich wunderst, wie ein anderer ausschaut.

ZWIRN. Kamerad, mir scheint, wir sein alle zwei mit unsern Kapitalien in Ordnung. – Du, mir ist's noch schlecht gangen.

KNIERIEM. Mir ist's auf die Letzt gar nicht mehr gangen; denn ich bin g'sessen, zwei Monat in Arrest.

ZWIRN. Aber nobel hab' ich das Meinige durchgebracht, das braucht einmal nix.

KNIERIEM. Ich hab' a Reis' am Rhein g'macht – da sind gar kuriose Weinkeller – sooft ich zu viel trunken hab', allemal war meine Brieftaschen weg. Unbegreiflich! Dann hab' ich im Rausch immer Händel ang'fangt, Straf zahlen müssen, wie ich nix mehr g'habt hab', haben s' mich eing'sperrt – mit einem Wort, nichts als unverschuldete Unglücksfälle!

ZWIRN. Wir sein halt jetzt alle zwei betteltutti.

KNIERIEM. Bei uns heißt's: gleiche Brüder, gleiche Kappen.

ZWIRN. Aber dabei immer allegro und fidel.

KNIERIEM. Allemal!

Vierter Auftritt

Vorige. Hobelmann.

HOBELMANN *ist schon früher aus der Seitentüre rechts getreten.* No brav, da hör' ich ja recht auferbauliche Sachen.

ZWIRN *Hobelmann sein Kompliment machend.* Hab' ich die Ehr', den Herrn von Hobelmann zu sprechen?

KNIERIEM. Sein Sie der, der seiner Tochter einmal's Stemmeisen nachg'worfen hat?

HOBELMANN. Der bin ich. – Ihr habt es aber weit gebracht mit eurem Geld.

ZWIRN. Grad so weit, als das Geld g'lengt hat.

HOBELMANN. Ihr habt euer Glück zum Fenster hinausg'worfen.

ZWIRN. Deswegen wird aber doch der Jahrstag zelebriert.

KNIERIEM. Geben S' nur ein Schnaps her.

ZWIRN. Vor allem andern, was macht denn der Bruder Leim?

HOBELMANN. Da müßt's mich nicht drum fragen.

KNIERIEM. Ist er nicht Ihr Schwiegersohn?

HOBELMANN. Lassen wir das. Mit einem Wort, er ist nach und nach um alles kommen –

ZWIRN. Ich kann nicht begreifen, wie der Mensch so liederlich sein kann.

HOBELMANN. Und wie's Geld weg war, bis auf zweihundert Taler, da hat er hundert Taler bei mir zurückg'lassen, und mit die andern hundert ist er aufs Geratewohl fort in die weite Welt. Heut hab' ich glaubt, er wird sich wieder einfinden, aber statt seiner ist der Brief da kommen, an euch zwei adressiert.

ZWIRN. An uns zwei? Ah da bin ich neugierig. *Nimmt den Brief und öffnet ihn.* Du, Schuster, bist du auch neugierig?

KNIERIEM. Freilich bin ich neugierig.

ZWIRN. No da hast, lies!

KNIERIEM. Weißt – ich les' nicht gern.

ZWIRN. Ich leset wieder für mein Leben gern, aber ich kann nit lesen.

KNIERIEM. Bei mir ist das der nämliche Fall.

ZWIRN. Mir fallt was ein, ich probier's! *Geht zu Hobelmann.* Herr Hobelmann, Sie scheinen ein vernünftiger Mann zu sein – obwohl der Schein manchmal trügt.

HOBELMANN. Nein, nein! diesmal trügt er nicht.

ZWIRN. Sie werden wissen, ein Unterschied der Stände *muß* sein. – Sie sind Meister, wir zwei Gesellen – *Ihm den offenen Brief reichend.* lesen *Sie!*

HOBELMANN. Recht gern will ich euch den Gefallen tun. *Liest.* »Liebe Freunde und Brüder! Wie gern wär' ich heute bei Euch – aber –«

ZWIRN. Ehre dem Ehre gebührt.

HOBELMANN. No ja, ich les' ja recht gern, ich fühl' mich auch geehrt. *Liest.* »Wie gern wär' ich heute bei Euch –«

ZWIRN. Das werden Sie gar nie erleben, daß ich in Ihrer Gegenwart lesen werd'.

HOBELMANN. Wann Er's so fortmacht, so wird auch Er nicht erleben, daß ich in Seiner Gegenwart lesen werd'. – Also – *Liest.* »Wie gerne wäre ich heute bei Euch, aber –

ZWIRN *murmelt etwas vor sich.*

HOBELMANN. Was murmelt Er denn da?

ZWIRN. Jetzt, Schuster, sei einmal still.

KNIERIEM. Ich hab' kein Wort g'redt.

HOBELMANN. Der Schuster red't ja gar nichts.

ZWIRN. Oh, Sie kennen ihn nicht so, wie ich ihn kenn'.

HOBELMANN. Aber er hat ja gar nichts g'redt.

ZWIRN. Aber er hätt' was reden können. – Das kommt grad so heraus, als wenn Sie unser Narr wären.

HOBELMANN. Jetzt sei Er einmal still, sonst leg' ich den Brief nieder, nachher kann Er lesen.

ZWIRN. Nachher kann ich lesen, wenn Sie den Brief niederlegen?

HOBELMANN. Ich mein', daß Er hernach gar nicht erfahret, was in dem Brief steht, weil Er selber nicht lesen kann. – Kann Er denn nicht zwei Minuten still sein?

ZWIRN. Oh, auch noch länger.

HOBELMANN. Also schweig' Er. *Liest.* »Wie gern wär' ich heute bei Euch, aber –

ZWIRN. Herr von Hobelmann, ich werd' Ihnen einen Vorschlag machen. Damit Sie im Lesen nicht mehr können unterbrochen werden, so lesen Sie uns den Brief g'schwind vor, und wir zwei gehen derweil hinaus.

Geht gegen die Türe.

HOBELMANN. Aber wie dalket! Wie kann Er denn hör'n, was ich da herin les', wenn Er draußt ist?

KNIERIEM. Dableib'n müssen wir.

ZWIRN. Richtig – das hab' ich nicht überlegt.

HOBELMANN. Jetzt sei Er einmal ruhig. *Liest.* »Wie gern wär' ich heute bei Euch, aber meine traurige Lage macht es unmöglich. Ich bin krank –«

ZWIRN. Da sollten S' doch mit ein Doktor reden.

HOBELMANN. Warum denn?

ZWIRN. Sie sagen ja, Sie sein krank.

HOBELMANN. Das schreibt ja der Leim, der ist krank.

ZWIRN. Ja, von wem ist denn der Brief?

HOBELMANN. Von Leim.

KNIERIEM. Von Leim.

ZWIRN. Ah so – von Leim.

HOBELMANN *liest weiter.* »Ich bin krank und liege in Nürnberg im Spital –«

ZWIRN. Herr Hobelmann, foppen müssen S' mich nicht! ich kann auch grob sein. Wie können S' denn sagen, Sie liegen in Nürnberg im Spital, und stehen da neben meiner.

HOBELMANN. Aber den Brief schreibt ja der Leim.

KNIERIEM. Der Leim.

ZWIRN. Ah so – der Leim.

HOBELMANN *liest.* »Ich habe vor vier Monaten, wie ich von Wien fort bin, Herrn Hobelmann hundert Taler zurücklassen –«

ZWIRN. Wer?

HOBELMANN. No, der Leim.

KNIERIEM. Der Leim.

ZWIRN. Aha, der Leim.

HOBELMANN *liest.* »Herrn Hobelmann hundert Taler zurücklassen –«

ZWIRN. Also zweihundert Taler.

HOBELMANN. Nein, nur einhundert Taler.

ZWIRN. Verzeihen Sie, Sie haben vorhin gelesen: ich habe Herrn Hobelmann hundert Taler zurücklassen – dann haben Sie wieder gelesen: ich habe Herrn Hobelmann hundert Taler zurücklassen – sein also zweihundert.

HOBELMANN. Wie ich das erste Hundert gelesen hab', hat Er mich unterbrochen, dann hab' ich's repetiert, und so ist das zweite Hundert herauskommen.

ZWIRN. Das müssen Sie sich abgewöhnen.

HOBELMANN. So muß Er mich nicht immer unterbrechen *Liest.* »Herrn Hobelmann hundert Taler zurückgelassen –«

ZWIRN. Jetzt sein's drei.

HOBELMANN *böse.* Es gilt nur einhundert Taler, ich halte mich an das, was in dem Brief steht.

KNIERIEM. Nein, nein, es gilt nur hundert Taler.

ZWIRN. So müssen Sie also nicht mehr herauslesen, als drin steht, Sie stürzen sich sonst in eine Schuldenlast.

HOBELMANN. Jetzt laß Er mich einmal zum Schluß kommen. *Liest.* »zurücklassen, für den Fall, daß Ihr ebenfalls nichts mehr haben solltet, und ein Reisegeld braucht. Ich hoff' Euch daher vor meinem Ende noch zu sehen – Euer Bruder

Johann Leim.«

ZWIRN. Herr Hobelmann, jetzt geben S' nur g'schwind die hundert Taler her.

HOBELMANN. Da könnt's euch einen frohen Tag drum antun.

ZWIRN. Ja, das wollen wir auch.

KNIERIEM. Aber auf eine andere Art, als der Herr Hobelmann glaubt. Wir bringen ihm das Geld ins Spital, und nichts wird davon versoffen.

ZWIRN. Wir wollen unterwegs Erdäpfel essen, daß uns der Staub bei die Ohren herausfahrt.

Vorige. Leim.

LEIM *gut gekleidet, aber häuslich, stand schon etwas früher unter der Türe, und stürzt auf sie zu.* Brüderln! laßt's euch umarmen! *Umarmt beide.* Ihr seid's Lumpen, aber treue Seelen, wahre Goldkerls.

ZWIRN. Wa – was ist denn das?

KNIERIEM. Ist da drin dein Spital?

LEIM. Der ganze Brief ist erlogen. Ich bin gesund, glücklich, und mein Reichtum hat sich noch um vieles vermehrt in dem Jahr. Den Brief hab' ich nur geschrieben, um zu sehen, ob bei euch's Herz auf'n rechten Fleck sitzt, und davon hab' ich mich jetzt vollkommen überzeugt. Daß sich bei euch das Geld nicht halten wird, das hab' ich im voraus g'wußt; aber es freut mich, daß ich jetzt in der Lag' bin, euch dauerhaft glücklich zu machen. *Zu Gertraud und Reserl, die nach Leim herausgetreten sind.* Geht's und holt's Wein und Braten. *Die Mädchen ab.*

KNIERIEM. Ich trink' keinen Wein mehr, ich trink' jetzt nur Schnaps. – Apropos! wie ist's mit der Peppi? Hast du s'.

LEIM. Freilich hab' ich s'.

KNIERIEM. Führ sie uns auf.

LEIM *öffnet die Türe rechts.* Peppi! Peppi!

Sechster Auftritt

Vorige. Peppi.

LEIM. Da schau her, das sein meine Kameraden, die das große Los mit mir g'wonnen haben – reiche Kerls, man sieht's ihnen an.

PEPPI. Es freut mich herzlich, die alten Freunde meines Mannes kennenzulernen.

ZWIRN *sehr galant.* Erlauben Sie mir, Ihre schöne Hand zu küssen – und daß die andere Hand nicht böse wird – und daß das liebe Goscherl da nicht böse wird – *Will sie küssen.*

HOBELMANN *springt dazwischen.* He, Schneider!

LEIM. Zwirn! was treibst denn?

ZWIRN. Sei nicht kindisch, Bruder, wir sein ja Kameraden.

LEIM *zu Zwirn.* Du, Zwirn, mit dir hab' ich aparte eine Menge zu reden. *Zu Gertraud und Reserl, welche mittlerweile Braten und Wein gebracht haben.* Bringt's uns die Sachen in mein Zimmer. – Komm Zwirn, komm mit mir.

ZWIRN *zu Reserl, die er in die Backen kneipt, indem er mit Leim in die Seitentüre links abgeht.* O du lieber Schneck du! *Die Mädchen tragen Braten und Wein links hinein, kommen zurück, und gehen rechts ab.*

HOBELMANN *zu Peppi, auf Knieriem zeigend.* Mach ihn nur gleich vorläufig mit unserm Plan bekannt. *Rechts ab.*

PEPPI. Schon recht, Vater.

Peppi. Knieriem.

Peppi schenkt ihm Rosoglio in ein Gläschen und reicht es ihm.

KNIERIEM. Ich bitt', haben S' kein anders Glas?

PEPPI. Warum denn? das gehört ja zum Rosoli.

KNIERIEM. Ah nein – da seh' ich ein Stutzen. *Nimmt ein großes Glas vom Tisch.* Bei die klein Gläser plagt man sich mit'n Einschenken z'viel.

Schenkt sich ein und trinkt.

PEPPI. Nun, mein lieber Freund! ich hoffe, daß Er von nun an ein beständiger Freund unsers Hauses sein wird. Er muß sich hier ansässig machen, muß Meister werden.

KNIERIEM. Meister soll ich werden?

PEPPI. Freilich. – Wie schmeckt der Likör?

KNIERIEM. Gut, recht gut. Aber eine Bitt' hätt' ich halt.

PEPPI. Was denn?

KNIERIEM. Wenn Sie mir einen Zwanziger schenken möchten, daß ich ins Branntweinhaus gehn könnt'.

PEPPI. Wozu denn das? Er bekommt ja bei uns alles viel besser.

KNIERIEM. Madam, das verstehn Sie nicht. Im Haus schmeckt einem der beste Trunk nicht; im Wirtshaus muß man sein, das ist der Genuß, da ist das schlechteste G'säuf ein Hautgout.

PEPPI *gibt ihm Geld.* Nun, da hat Er. Ich muß Ihm aber sagen, daß mich das recht verdrießt von Ihm.

KNIERIEM *nimmt das Geld.* Ich küß die Hand.

PEPPI. Er muß solid werden, Er muß sich bessern.

KNIERIEM. Nein, das tu' ich nicht. – Es ist nicht der Müh' wert wegen der kurzen Zeit. In ein Jahr kommt der Komet, nachher geht eh' die Welt z'grund.

PEPPI. Hör' Er auf mit solchen Albernheiten. – Ich weiß schon ein Mittel, Ihn auf andere Gedanken zu bringen: Er muß heiraten. Da ist z.B. die Witwe Leist, eine recht hübsche Frau, mit der bekommt Er gleich das G'werb.

KNIERIEM. Ich brauch' kein Weib und kein G'werb. Zu was soll ich mich noch plag'n im letzten Jahr? Es rentiert sich nicht mehr.

PEPPI. Mit Ihm ist nichts anzufangen, Er ist und bleibt ein Bruder Liederlich.

KNIERIEM. Madam, denken Sie an den Kometen –

PEPPI. Hör' Er auf mit sein dalketen Kometen. *Im Abgehen für sich.* Über den muß ich meinen Vater schicken, der bringt ihn doch noch zur Räson. *Ab rechts.*

KNIERIEM. Madam, der Komet –

Achter Auftritt

Knieriem allein.

KNIERIEM. Die glaubt nicht an den Kometen, die wird Augen machen. – Ich hab' die Sach'
schon lang' heraus. Das Astralfeuer des Sonnenzirkels ist in der goldnen Zahl des Urions von
dem Sternbild des Planetensystems in das Universum der Parallaxe, mittelst des Fixstern-Qua-
dranten, in die Ellipse der Ekliptik geraten; folglich muß durch die Diagonale der Approximati-
on der perpendikulären Zirkeln, der nächste Komet die Welt zusammstoßen. Diese Berechnung
ist so klar wie Schuhwix. Freilich hat nicht jeder die Wissenschaft so im klein Finger als wie
ich; aber auch der minder Gebildete kann alle Tag Sachen genug bemerken, welche deutlich
beweisen, daß die Welt nicht lang mehr steht. Kurzum, oben und unten sieht man, es geht
rein auf'n Untergang los.

> *Lied.*
>
> Es is kein Ordnung mehr jetzt in die Stern,
> D' Kometen müßten sonst verboten wer'n:
> Ein Komet reist ohne Unterlaß
> Um am Firmament, und hat kein Paß,
> Und jetzt richt' a so a Vagabund
> Uns die Welt bei Butz und Stingel z'grund;
> Aber lass'n ma das wie's oben steht,
> Auch unt' sieht man, daß's auf'n Ruin losgeht.
>
> Abends traut man ins zehnte G'wölb sich nicht hinein
>
> Vor Glanz, denn sie richten s' wie d' Feentempel ein;
>
> Der Zauberer Luxus schaut blendend hervur,
>
> Die böse Fee Crida sperrt nacher's G'wölb zur.
> Da wird einem halt angst und bang,
> Die Welt steht auf kein Fall mehr lang.
> Am Himmel is die Sonn jetzt voll Kapriz,
> Mitten in die Hundstag gibt's kein Hitz;Und der Mond geht auf so rot auf Ehr,
>
> Nicht anderster, als wann er b'soffen wär'.
> Die Millichstraßen, die verliert ihr'n Glanz,
> Die Milliweiber ob'n verpantschen s' ganz;
> Aber lass'n ma das, herunt' geht's z' bunt,
> Herunt' schon sieht man's klar, die Welt geht z'grund.
>
> Welche hätt' so ein g'scheceten Wickler einst mög'n,
>
> A Harlekin is ja grad nur a Spitzbub dageg'n;
>
> Im Sommer trag'n s' Stiefeln, *à jour*-Strümpf im Schnee,
>
> Und statt Haub'n hab'n s' gar Backenbärt von *tullanglais*.
> Da wird einem halt angst und bang,
> I sag': d' Welt steht auf kein Fall mehr lang.
> Der Mondschein, da mög'n s' einmal sag'n was s' woll'n,
> Ich find' er is'auf einer Seiten g'schwoll'n.
> Die Stern wer'n sich verkühl'n, ich sag's voraus,
> Sie setzen sich zu stark der Nachtluft aus.
> Der Sonn' ihr G'sundheit ist jetzt a schon weg,
> Durch'n Tubus sieht man's klar, sie hat die Fleck;
> Aber lass'n ma das was oben g'schiecht,
> Herunt' schon sieht man, 's tut's in d' Länge nicht.

Sie hab'n Zeitungen jetzt, da das Pfennig-Magazin,

Da is um ein Pfennig all's mögliche drin;

Jetzt kommt g'wiß bald a Zeitschrift heraus, i parier',

Da krieg'n d' Pränumeranten umsonst Kost und Quartier.
Da wird einem halt angst und bang,
Die Welt steht auf kein Fall mehr lang.

Repetition.

Die Fixstern sag'n s' sein allweil auf ein Fleck,
's is erlog'n, beim Tag sein s' alle weg;
's bringt jetzt der allerbeste Astronom
Kein saubre Sonnenfinsternis mehr z'samm.
Die Venus kriegt auch ganz ein andre G'stalt,
Wer kann davor, sie wird halt a schon alt;Aber wenn auch ob'n schon alles kracht,

Herunt' ist was, was mir noch Hoffnung macht.

Wenn auch's meiste verkehrt wird, bald drent und bald drüb'n,

Ihre Güte ist stets unverändert geblieb'n;

Drum sag' i, aus sein Gleis wird erst dann alles flieg'n,

Wenn Sie Ihre Nachsicht und Huld uns entzieh'n.
Da wurd' ein erst recht angst und bang,

Denn dann stund' d' Welt g'wiß nicht mehr lang.
Ab.

Neunter Auftritt

Zwirn. Gleich darauf Reserl.

ZWIRN *aus der Seitentüre links.* Der Leim gibt mir nichts als lauter gute Lehren – gute Lehren hab' ich in der Schul schon kriegt, wenn ich s' hätt' befolgen wollen.

RESERL *aus der Seitentüre rechts, und will zur Mitte hinaus.* Gleich den Augenblick. – *Für sich.* Das ist doch ein beständiges Befehlen in dem Haus.

ZWIRN *hält sie auf.* Dageblieben, liebenswürdiger Dienstbot!

RESERL. Ah gehen S', Ihnen ist auch nicht zu trau'n.

ZWIRN. Was fällt dir ein! Die Treu von ein Schneider halt fester als eine doppelte Naht.

RESERL *kokett.* Ja, wenn ich mich drauf verlassen könnt'!

ZWIRN. Ein Mann, ein Wort – schlag ein!

Hält die Hand hin.

RESERL *einschlagend.* Na, meinetwegen.

ZWIRN. Jetzt sein wir in Ordnung bis aufs Durchgehn. – Ich muß dir aufrichtig sagen, mich hätt's ohnehin nicht lang gelitten in dem Haus.

RESERL. Nicht wahr, das is ein fades Leben da?

ZWIRN. Da tun s' nix als arbeiten, essen, trinken und schlafen – is das eine Ordnung? – Da wird nicht angeign't, nicht aufg'haut, nicht Zither g'schlag'n.

RESERL. O ich kenn' das – ich war ja selbst einige Jahr Kellnerin.

ZWIRN *entzückt.* Kellnerin warst du? – Jetzt hab' ich dich nochmal so lieb, jetzt sein unsre Herzen zusammg'naht, kein Teufel trennt sie mehr auf. – Morgen früh, wenn Du's Obers holst, paschen wir ab miteinander.

RESERL. Warum denn abpaschen? Sie können's ja Ihrem Freund, dem Herrn Leim sagen, daß Sie mich mitnehmen.

ZWIRN. Das mag ich nicht. Laß mir diese Grille, ich will dich entführen.

RESERL. Hören S' auf, Sie sein doch ein rechter Vokativus.

Ab zur Mitte.

ZWIRN. Jetzt geh' ich gleich hinein zum Leim, und sag' ihm, daß ich nicht dableib' – Ah, da ist er selbst.

Zehnter Auftritt

Zwirn. Leim von links.

LEIM. Du bist ein Lump in Folio, du trittst dein Glück mit Füßen. Wegen meiner, wenn du die guten Tag' nicht ertragen kannst, so geh hin, wo der Pfeffer wachst.

ZWIRN. Bruder Leim, du mußt nicht bös sein. Schau, ich blieb' gern bei dir, aber ich halt's nicht aus. Ich hab' eine Herzensangst in mir, eine Bangigkeit – mit einem Wort, Bruder, ich halt's nicht aus.

LEIM. Schau, damit du siehst, daß ich dein wahrer Freund bin, so leg' ich für dich hundert Dukaten an; die kriegst aber nicht eher, als bis du dich fest und ordentlich wo ansässig machst. Außerdem hast du keinen Groschen von mir zu erwarten.

ZWIRN. Wann krieg' ich die hundert Dukaten?

LEIM. Wenn du ordentlich und fleißig geworden bist.

ZWIRN *für sich*. Da krieg' ich mein Leben keinen Kreuzer. *Laut.* Ich will dir einen Vorschlag machen: gib du mir jetzt 4 oder 5 Dukaten, das ist mir lieber, als wenn du mir nachher 1000 gibst.

LEIM. Keinen Kreuzer eher, als bis du brav und ordentlich geworden bist.

ZWIRN. Na so b'hüt' dich Gott. *Für sich.* Jetzt weiß ich nicht, soll ich ihm was sagen davon, daß ich ihm seinen Dienstboten entwend'? – Nein – zu was braucht er das zu wissen. – *Laut.* Bruder Leim, der Abschied von dir fallt mir schwer – aber – ich halt's nicht aus.

LEIM. Du kriegst alles, wenn du fleißig, brav und arbeitsam geworden bist.

ZWIRN. Das halt' ich nicht aus. *Läuft ab.*

Leim, gleich darauf Knieriem.

LEIM. Er halt's nicht aus, sagt er. Hätt' der Kerl alles bei mir, was sein Herz verlangt, er kann's aber nicht erwarten, bis er wieder draußen im Elend ist.

KNIERIEM *sehr betrunken, kommt von außen ans Fenster.* Bruder – mach die Tür auf.

LEIM. Da ist die Tür. – Nu, der hat schön aufgeladen, sieht der's Fenster für die Tür an.

KNIERIEM *tritt ein.* Kamerad – laß dich umarmen.

LEIM. Du hast schwer g'laden.

KNIERIEM. Bruder, gib mir die Hand.

LEIM. Na da – da ist meine Hand.

KNIERIEM. Einen Kuß – Bruder, meinst du's auch ehrlich mit mir? – Bru –

LEIM. Du bleibst bei mir solang du lebst, was willst denn mehr?

KNIERIEM. Du mußt es aber auch aufrichtig mit mir meinen, sonst geh' ich fort. *Wankt zur Türe.*

LEIM *ihn aufhaltend.* Wo willst denn hin?

KNIERIEM. Ins Wirtshaus. Einen Brannt – wein muß ich haben.

LEIM *setzt ihn auf den Stuhl.* Da bleibst – da drin hast ein Schaffel Wasser, das kannst trinken. *Versperrt die Türe.* So – jetzt geh ins Wirtshaus, wenn du kannst.

KNIERIEM. Er hat mich eing'sperrt.

LEIM. Astronom, schau, daß bei dir einmal ein trockenes Viertel eingeht. *Ab in die Seitentüre rechts.*

Zwölfter Auftritt

Knieriem allein.

KNIERIEM. Was ist das? – er hat – hat – mich eingesperrt? – Das hat er nicht nötig – ich war schon eingesperrt – wie er noch Lehrbub war, war ich schon eingesperrt. Bruder, das ist schä – schändlich von dir. *Es blitzt und donnert.* Ich weiß, was ich tu' – ich steig' beim Fenster hinaus. *Er schlägt das Fenster ein.* Ich muß ein Branntwein haben. *Steigt hinaus.*

Einige Takte Gewittermusik fällt ein, bis Knieriem gänzlich vom Fenster verschwunden ist.
Verwandlung.
Beleuchtete Bauernwirtsstube.

Dreizehnter Auftritt

Wirtin. Stellaris als Reisender.

WIRTIN *indem sie den Fremden hereinführt.* Ich hab' leider kein anderes Zimmer, als das da daneben, und da wird's halt unruhig sein, denn die Bauern kommen vom heutigen Wettrennen zurück, sie werden bald kommen, und da gibt's Lärm.

STELLARIS. Das macht nichts. *Beiseite.* Diese Gestalt hab' ich gewählt, um mich von dem Treiben der drei lockeren Gesellen zu überzeugen. Fast fürchte ich, Fortuna möchte Siegerin in diesem Kampfe bleiben.

Die Wirtin geht mit einem Licht in die Seitentüre rechts ab.

Vierzehnter Auftritt

Vorige. Knieriem.

KNIERIEM. Ein armer reisender Handwerksbursch tät' bitten um eine kleine Unterstützung.

STELLARIS. Da hat Er ein paar Kreuzer. *Gibt ihm Geld.* Er sieht ja elend aus.

KNIERIEM. Ich küß die Hand – ich werd' fleißig drum beten. Frau Wirtin, ein Schnaps!

STELLARIS. Da hat Er auch eine Weste und ein Hemd von mir.

KNIERIEM. O ich küß's Kleid, das ist alles zu viel.

Stellaris geht in die Seitentüre rechts ab, tritt aber bald darauf, die Handwerksbursche beobachtend, aus der Türe.

Fünfzehnter Auftritt

Vorige, ohne Stellaris. Gleich darauf Bauern, Musikanten und Zwirn.

WIRTIN. Aha, da kommen die Bauern schon.

ALLE BAUERN. Juhe! das Wettrennen ist heut prächtig ausg'fallen.

KNIERIEM. Ah, Musik, jetzt wird's erst fidel da.

ZWIRN *welcher tanzend hereinkommt, erblickt Knieriem.* Was Teuxel, Brüderl, was machst denn du da?

KNIERIEM *sein Glas Schnaps nehmend.* Juhe, der Zwirn! Du, ich geh' jetzt betteln.

ZWIRN. Ich auch. – Aber du, im G'meinhaus drüben geht's fidel zu.

KNIERIEM. Gehen wir hinüber.

ZWIRN. Wenn ich da zahl', kann ich drüben nicht zahl'n.

KNIERIEM. Da zahl' ich. *Zur Wirtin.* Wir haben kein Geld bei uns, da nehmen S' die Weste, das ist für uns zwei miteinander. *Gibt ihr die Weste, die er von Stellaris bekam.*

WIRTIN *sie nehmend.* Das werden doch ein paar schöne Lumpen sein.

ZWIRN. Ein Tanz möcht' ich haben!

KNIERIEM *wirft den Musikanten das Hemd hin.* Aufg'haut, Musikanten! da ist bezahlt.

Musik beginnt, Zwirn und Knieriem wollen tanzen, zwischen ihnen und den Bauern im Hinter- grunde fällt eine Wolkendekoration vor.

Sechszehnter Auftritt

Zwirn. Knieriem. Stellaris im Ornat.

STELLARIS *mit starker Stimme.* Halt!

ZWIRN UND KNIERIEM *erschrocken.* Was ist das?

STELLARIS. Unglaublich schien mir der Grad der Liederlichkeit, den ihr beide erreicht habt – verfallen seid ihr ganz dem bösen Geist Lumpazivagabundus – nun denn, so verbann' ich euch zur Strafe eures Wandels in den Abgrund, wo der ganze Troß der bösen Geister haust. *Er winkt. Musik fällt ein, die beiden Seitenversenkungen öffnen sich, auf jeder Seite kommen 2 Furien herauf.*

ZWIRN *in größter Angst, zu Stellaris' Füßen.* Gnade! Barmherzigkeit!

KNIERIEM *ebenfalls zu seinen Füßen.* Ich werd' mich bessern.

ZWIRN. Ich bin schon gebessert.

STELLARIS. Es ist zu spät. – Fort mit beiden!

Musik fällt ein, die Furien packen Zwirn und Knieriem und versinken zu beiden Seiten mit ihnen.

Siebenzehnter Auftritt

Stellaris. Fortuna. Amorosa. Hilaris. Brillantine.

FORTUNA. Ich bin besiegt. Amorosa, ich erkenne deine Macht für höher, als die meine; du bist die Siegerin. Hilaris werde meiner Tochter Gemahl.

Sie fügt die Hände der Liebenden zusammen.

HILARIS *Brillantinen umarmend.* Ich bin überglücklich!

AMOROSA *zu Stellaris.* Mächtiger Herrscher! Auch die verirrten Söhne des Feenreichs habe ich auf den rechten Pfad zurückgeführt, und so ist Lumpazivagabundus gebannt auf immerdar.

STELLARIS. Nimm meinen Dank!

AMOROSA. Hab' ich ihn verdient, so überlasse mir die beiden lockern Gesellen, die du zu streng bestraft.

STELLARIS. Es sei.

AMOROSA. Wohlan, so folget mir, ich will sie euch durch meine Macht nun gebessert und glücklich zeigen.

Alle ab.

Verwandlung.

Der Wolkenprospekt erhebt sich, man sieht im Hintergrunde in einer sich öffnenden etwas tieferen Wolkengruppe das Haus, welches Leim, Zwirn und Knieriem bewohnen. Zu ebener Erde ist die Tischlerwerkstatt, in welcher Leim mit den Gesellen ihre Arbeit beendigen. Leim zur Seite steht Peppi. Im ersten Stockwerk sieht man durch ein offenes Fenster Knieriem auf dem Dreifuß arbeiten, indem er dabei immer zärtlich nach einem ihm zur Seite stehenden jungen Weibe, in bürgerlicher Hauskleidung, blickt. – Bei dem andern Fenster des ersten Stockwerkes sieht man Zwirn, wie er mit großem Fleiße biegelt, und dazwischen immer ein neben ihm nähendes junges Weib umarmt. In beiden Zimmern sieht man mehrere Kinder.

KNIERIEM *zu seinem Weibe.* Ist das ein Glück, Weib! der Komet is ausblieb'n, d' Welt steht alleweil noch, und wir stehn mitten drauf mit unserer unsinnigen Familie.

ZWIRN *ruft aus dem Fenster hinüber.* Du, Knieriem, wir sein eing'laden beim Bruder Leim; bist bald fertig?

KNIERIEM. Den Augenblick; die Tischler machen eh gleich Feierabend unt.

ZWIRN. Ich muß nur noch mit der Meinigen die klein Kinder einschlafern.

Es schlägt 7 Uhr.

ALLE GESELLEN. Feierabend! Feierabend!

LEIM. Kommt's herunter, Kameraden! Nach vollbrachtem Tagwerk schmeckt ein'm der Feierabend, die Lustbarkeit geht los.

ALLE. Juheh!

Die Gesellen und Hausmädchen reihen sich zum Tanz. Knieriem und Zwirn mit ihren Weibern und Kindern kommen herab.

CHOR.

Jeder hat nun seine Arbeit getan,
Jetzt bricht ein fröhlicher Fei'rabend an;
Häuslich und arbeitsam – so nur allein
Kann man des Lebens sich dauernd erfreu'n.

Tanz beginnt. Unter passender Gruppe, und Beleuchtung mit griechischem Feuer, fällt der Vorhang.
Ende.